如何落实立德树人根本任务

张茂聪◎主编

人民日报出版社

北　京

图书在版编目（CIP）数据

如何落实立德树人根本任务 / 张茂聪主编 . —北京：
人民日报出版社，2024.7. ISBN 978-7-5115-8331-4

I. G641

中国国家版本馆 CIP 数据核字第 2024Y2T905 号

书　　名：如何落实立德树人根本任务
　　　　　RUHE LUOSHI LIDESHUREN GENBENRENWU

作　　者：张茂聪

出 版 人：刘华新
策 划 人：欧阳辉
责任编辑：周海燕　孙　祺
封面设计：元泰书装

出版发行：人民日报出版社
社　　址：北京金台西路 2 号
邮政编码：100733
发行热线：（010）65369509　65369527　65369846　65363528
邮购热线：（010）65369530　65363527
编辑热线：（010）65369518
网　　址：www.peopledailypress.com
经　　销：新华书店
印　　刷：大厂回族自治县彩虹印刷有限公司
法律顾问：北京科宇律师事务所　（010）83622312

开　　本：710mm×1000mm　1/16
字　　数：180 千字
印　　张：14.5
版　　次：2024 年 10 月第 1 版
印　　次：2024 年 10 月第 1 次印刷

书　　号：978-7-5115-8331-4
定　　价：58.00 元

目　录

第三章　立德树人根本任务的发展探寻

第四章　落实立德树人根本任务的实践探索

第五章　落实立德树人根本任务的问题剖析

第六章　落实立德树人根本任务的机制完善

前　言

　　培养什么人、怎样培养人、为谁培养人，是我们党和国家教育的根本问题。国无德不兴，人无德不立。只有做好人的工作，才能实现教育为党育人、为国育才的目标，才能持续培养出可堪国之大用、能担时代重任的栋梁之才。因此，教育并不是价值中立的，而是有着显明的政治属性和时代属性。这也是本书编著的价值起点和初心。

　　2024 年 9 月 9 日至 10 日，全国教育大会在北京召开，习近平总书记出席大会并发表重要讲话。习近平总书记指出，教育是强国建设、民族复兴之基。建设教育强国是一项复杂的系统工程，需要我们紧紧围绕立德树人这个根本任务，着眼于培养德智体美劳全面发展的社会主义建设者和接班人，坚持社会主义办学方向，坚持和运用系统观念，正确处理支撑国家战略和满足民生需求、知识学习和全面发展、培养人才和满足社会需要、规范有序和激发活力、扎根中国大地和借鉴国际经验等重大关系。要坚持不懈用新时代中国特色社会主义思想铸魂育人，实施新时代立德树人工程。

一直以来，我们党和国家高度重视立德树人工作。党的十八大首次将立德树人确立为我国教育事业的根本任务。习近平总书记在全国高校思想政治会议上指出，"要坚持把立德树人作为中心环节"。党的十九大强调要"落实立德树人根本任务""培养德智体美全面发展的社会主义建设者和接班人"。2018年，习近平总书记在全国教育大会上总结和概括了党的十八大以来教育改革发展实践中形成的新理念新思想新观点，在"九个坚持"中再次强调"坚持把立德树人作为根本任务"。2019年，习近平总书记在学校思想政治理论课教师座谈会上指出，要"用新时代中国特色社会主义思想铸魂育人，贯彻党的教育方针落实立德树人根本任务"。习近平总书记多次强调落实立德树人根本任务，彰显了党和国家对立德树人的高度重视。这些重要论述，为本书回答新时代如何落实立德树人根本任务，提供了根本遵循和思想源泉。

立足新时代新征程，立德树人要同时代要求高度契合，同建设教育强国的战略目标高度呼应。立德树人所蕴含的内在教育思想关系到教育总体目标是否能够实现、教育的根本问题是否得以解决。本书聚焦立德树人的实践、问题及未来，希望为广大教育工作者和研究者提供一部全面系统、理实兼备且富有时代感的著作。整体而言，本书共包括六个部分。

第一章立德树人根本任务的科学内涵。开展对立德树人核心主题的本质追问，探究立德树人根本任务的内在本源，分析其蕴含的主要内容，明确其基本遵循，进而阐明立德树人的科学内涵，更加科学、规范、有效推动教育事业的发展。

第二章立德树人根本任务的理论建构。在理论审视的引领下深入探索和阐述，深入挖掘中华传统德育思想、传承马克思主义人学理论以及渗透全环境立德树人理念等重要理论资源，为立德树人工作提供了权威化、多元化的理论支持。这些理论资源的有机结合和深入阐述，为更好开展立德树人工作提供了坚实的理论基础和科学的实践指引。

第三章立德树人根本任务的发展探寻。通过对历史的深入追溯，深入学习党和国家层面对立德树人的相关重要论述，挖掘不同历史时期关于立德树人根本任务的阐释，重点梳理党的十八大以来关于立德树人根本任务的阐释。通过对历史的回顾和探寻，更加清晰地认识到立德树人理念的内涵和价值，为新时代深化教育教学改革，推进人才培养创新提供重要的经验借鉴和历史启迪。

第四章落实立德树人根本任务的实践探索。基于现实透视，对落实立德树人根本任务的实践探索进行分析研究。依托案例分析所提供的具体生动的立德树人实践场景，从中观察我国教育教学一线在立德树人实践中的积极探索，提炼来自一线可资借鉴的经验做法，从而更全面地认识到立德树人实践的复杂性和多样性。

第五章落实立德树人根本任务的问题剖析。以问题为导向，在实践探索的基础上，精准聚焦当前所面临的问题并加以深入剖析，以助益科学把握落实立德树人根本任务的核心难题和瓶颈所在，比如教育资源不均衡、教育评价机制不完善、教育内容与时代发展脱节等，也为进一步寻求解决方案提供方向指南。

第六章落实立德树人根本任务的机制完善。展望未来，我们提出了一系列完善立德树人机制的建议，以进一步推动教育事业的发展和提升立德树人的实效性。其中，重点探讨了各方在立德树人中的责任和作用以及协同问题，建设立德树人"教育共同体"，促进教育资源共享和协同发展，构筑全环境的立德树人格局，构建起全方位、多层次的立德树人教育网络等机制优质完善问题。为立德树人工作提供指导和支持，回答好如何落实立德树人使命这一根本问题。

守正才会不迷失方向、不犯颠覆性错误，创新才能把握时代、引领时代。希望通过本书的深入研究，能够在全社会形成更加积极的教育氛围，凝聚起共同推动教育事业发展的合力。在未来的实践中，教育改革将更加注重培养学生的全面发展，努力培育德智体美劳全面发展的社会主义建设者和接班人，为强国建设作出更大的贡献。

最后，本书能够顺利编写并出版，离不开各方同人的帮助。

本书参考大量专家学者的文献，在此特别表达敬意和感谢。感谢研究团队成员作出的贡献：张伟（第一章）、刘本森（第二章）、刘海江（第三章）、郑伟（第四章）、冯永刚（第五章）、李志亮（第六章）。感谢人民日报出版社为本书的顺利出版所付出的辛苦努力与专业支持。

第一章

立德树人根本任务的科学内涵

一、立德树人根本任务的内在探源

（一）立德树人的概念内涵

2012 年 11 月 8 日，党的十八大报告明确提出"立德树人"概念，强调把立德树人作为教育的根本任务。

1. 立德树人的必要性

立德树人是指教育者要注重培育学生德才兼备，以德为先，强调学生的道德品质和综合素质的培养。立德树人具有鲜明的时代特征。随着经济全球化、信息化和后工业社会的到来，人类面临的德性挑战日趋严峻。为了提高我国的软实力，为了实现中华民族伟大复兴，加强德育工作，提高全民族的道德文明素养，已成为教育战线面临的一项重大而紧迫的战略任务。

在当前开放的国际环境和多元文化背景下，青少年学生正处于世界观、人生观、价值观形成的关键时刻，德育为先更具有必要性和紧迫性。将德育渗透于教育教学的各个环节，贯穿于学校教育、家庭教育和社会教育的各个方面，有助于引导学生自觉践行社会主义核心价值观，从而培养出具备中华文化底蕴、中国特色社会主义共同理想和国际视野的社会主义建设者和接班人。

立德树人的必要性具体体现在以下几个方面：

第一，立德树人是人才培养的本质要求。人才培养是一个全面的过程，既包括知识的传授，也包括品德的塑造。只有知识与品德相统一，才能真正培养出德才兼备的人才。同时，随着社会的不断发展，其对人才的需求也在不断变化。现代社会需要的是全面发展的人才，不仅需要具备专业知识，还要有良好的道德品质和综合素质。

第二，立德树人是教育的重要任务。教育的任务不仅是传授知识，更重要的是培养人的全面发展。教育的目标是培养有理想、有道德、有才能、有担当的人才，这些都是与立德树人的理念相一致的。

第三，立德树人是学生健康成长的需要。具备优秀的品德和素质可以帮助学生更好地适应社会，为进入社会提供更充分的准备。

2. 立德树人的具体实施

要把立德树人融入思想道德教育、文化知识教育、社会实践教育各环节，贯穿基础教育、职业教育、高等教育各领域。要把立德树人的成效作为检验学校一切工作的根本标准，真正做到以文化人、以德育人，不断提高学生思想水平、政治觉悟、道德品质、文化素养。

习近平总书记强调："实现中华民族伟大复兴，坚持和发展中国特色社会主义，关键在党，关键在人，归根到底在培养造就一代又一代可靠接班人。"[①] 近年来，我国政府和教育部门积极推进立德树人工作的实施，提出了一系列重要举措，如德育为首、全面发展、素质教育等，注重培养学生高尚的道德品质和良好的行为习惯，成为具有社会责任感、创新精神和实践能力的新时代人才。

立德树人还强调全人教育的理念，即强调培养德、智、体、美、劳全面发展的人才。这一理念要求我们在教育过程中，不仅要关注学生的知识学习，还要注重培养学生的品德、审美和劳动技能，以促进学生的全面发展。

总的来说，立德树人强调了德育在教育工作中的重要地位，促进学生的全面发展，并适应时代的发展需求，培养具备高尚品德、健全人格和强烈社会责任感的新时代人才。

（二）立德树人的政策诉求

立德树人这一教育理念是由中国共产党提出的。2012 年11 月，党的十八大报告首次提出"把立德树人作为教育的根

---

① 习近平 . 在全国组织工作会议上的讲话 [M]. 北京 : 人民出版社 ,2018:26.

本任务"。2017年10月，党的十九大报告提出："要全面贯彻党的教育方针，落实立德树人根本任务，发展素质教育，推进教育公平，培养德智体美全面发展的社会主义建设者和接班人。"2018年9月10日，习近平总书记在全国教育大会上强调："要把立德树人融入思想道德教育、文化知识教育、社会实践教育各环节，贯穿基础教育、职业教育、高等教育各领域，学科体系、教学体系、教材体系、管理体系要围绕这个目标来设计，教师要围绕这个目标来教，学生要围绕这个目标来学。凡是不利于实现这个目标的做法都要坚决改过来。"[①]2019年10月，党的十九届四中全会对完善立德树人体制机制提出新的具体要求。2022年10月，党的二十大报告指出："教育是国之大计、党之大计。培养什么人、怎样培养人、为谁培养人是教育的根本问题。育人的根本在于立德。全面贯彻党的教育方针，落实立德树人根本任务，培养德智体美劳全面发展的社会主义建设者和接班人。"

立德树人是一个重要的教育理念，在当今社会具有重要意义。国家应该进一步强化立德树人的政策导向，推动学校把立德树人落实到各项工作中，不断提高人才培养质量。

[①] 习近平在全国教育大会上强调 坚持中国特色社会主义教育发展道路 培养德智体美劳全面发展的社会主义建设者和接班人 [N]. 人民日报,2018-09-11(01).

（三）立德树人的现实需要

1. 时代发展的需要

随着全球化和信息化的发展，人们面临着越来越多的道德挑战，如网络安全、人工智能伦理、环境责任等。这些挑战对教育提出了新的要求，需要在培养人才时更加注重道德素质的培养。

2. 教育改革的需要

培养社会主义建设者和接班人，是我们党的教育方针，是我国各级各类学校的共同使命。传统的教育模式往往注重知识的传授，而忽视了学生的个性发展和德育培养，导致学生缺乏创新精神和实践能力。因此，教育改革需要将学生的全面发展作为核心目标，注重培养学生的创新精神和实践能力，同时也需要更加注重德育教育。

3. 社会发展的需要

随着社会的发展，人们对教育的要求也越来越高。人们不仅要求教育能够传授知识，还要求教育能够培养学生的道德品质和社会责任感。因此，教育需要更加注重学生的全面发展，注重培养学生的社会责任感和公民意识。

二、立德树人根本任务的主要内容

（一）立德树人主要内容概略

习近平总书记指出："学校是意识形态工作的前沿阵地，可不是一个象牙之塔，也不是一个桃花源。"①中小学德育工作主要关注的是如何在中小学阶段对学生的品德进行教育，包括培养学生的道德认知和道德情感；引导学生树立正确的价值观和道德观；帮助学生养成良好的社会行为规范和道德行为习惯；提升学生的社会责任感和社会适应能力；培养学生的自律、自立、自主、自强等品质。

为了达到以上目标，中小学德育工作者需要以自身的言行熏陶学生，充分挖掘教材中的德育素材，并充分把课内的知识和课外的生活实际结合起来，对学生进行德育教育。此外，还需要注意培养学生的文化素养和人文精神，帮助他们了解中华优秀传统文化，增强文化自信和民族自豪感。

尊重和崇尚道德品质，将其作为教育的核心价值。学校应培养学生具备高尚的道德品质，如诚实、守信、仁爱、担当等，

---

① 习近平.思政课是落实立德树人根本任务的关键课程 [M].北京:人民出版社,2020:6.

使他们在学习和生活中始终遵循道德原则，以崇高的道德品质为引领，追求真理，促进个人成长和社会进步。坚守道德规范，严于律己，自觉遵守法律法规和校纪校规。学校应教育学生自觉遵守国家法律法规，遵循社会公德和职业道德，养成良好的行为习惯，树立正确的价值观，培养学生成为具有道德自律和法治意识的合格公民。将道德理念付诸实践，以实际行动践行道德价值观。学校应鼓励学生积极参与社会实践，将所学知识与实际需求相结合，为社会发展作出贡献。同时，教育学生关爱他人，关注社会，树立社会责任感，培养良好的团队协作和沟通能力，使学生在实践中不断锤炼品德，成为德才兼备的人才。

德育价值观的培育是在立德树人中非常重要的内容维度。立德树人要求学校将德育贯穿教育教学全过程，培养学生正确的价值观。学校应做到以马克思主义为指导，深入开展思想政治教育，培育和践行社会主义核心价值观，引导学生树立正确的世界观、人生观和价值观，使学生德、智、体、美、劳全面发展。

（二）中小学立德树人的主要内容

学校立德树人应该培养什么人？2019年，习近平总书记在学校思想政治理论课教师座谈会上指出："努力培养担当民族复兴大任的时代新人，培养德智体美劳全面发展的社会主义建设者和接班人。"[①] 习近平总书记站在中国特色社会主义事业后继有人的高度，强调教育的根本任务是立德树人。立德树人是对新形势下培养什么人、怎样培养人、为谁培养人这个重大问题新的科学回答。

2017年8月，教育部发布《中小学德育工作指南》(以下简称《指南》)，明确提出中小学德育的总体目标，即培养学生爱党爱国爱人民，增强国家意识和社会责任意识，教育学生理解、认同和拥护国家政治制度，了解中华优秀传统文化和革命文化、社会主义先进文化，增强中国特色社会主义道路自信、理论自信、制度自信、文化自信，引导学生准确理解和把握社会主义核心价值观的深刻内涵和实践要求，养成良好政治素质、道德品质、法治意识和行为习惯，形成积极健康的人格和良好心理品质，促进学生核心素养提升和全面发展，为学生一生成长奠定坚实的思想基础。

中小学立德树人要强化立德树人的首要地位，在教育过程中，始终将德育放在首位，注重培养学生的道德品质和公民素养。要教育学生尊重他人、遵守社会规则、关注社会责任等。

[①] 习近平. 思政课是落实立德树人根本任务的关键课程 [M]. 北京：人民出版社，2020:10.

同时，还要强化全方位的育人，即除了关注学生的知识学习，还要注重培养学生的综合能力，包括独立思考能力、创新实践能力、人际交往能力等。这可以通过组织各种课外活动、社会实践和社团活动等方式来实现。

中小学生的思想道德素质培养是立德树人的核心，包括思想道德、行为规范、社会责任感等方面的教育。要让学生了解社会公共道德，树立正确的价值观和道德观，养成遵纪守法、尊重他人、关心社会的良好习惯。比如，在知行合一教育上鼓励学生将所学的知识和道理应用到实际生活中，通过实践加深对所学知识的理解和认识。这可以通过开展社会实践、志愿服务、劳动实践等活动来实现。注重培养学生的文化自信和民族自豪感，让他们了解和传承中华优秀传统文化，尊重和欣赏不同文化和价值观。同时，要注重对学生的身心健康教育，培养他们良好的生活习惯和健康的生活方式。加强心理辅导，关注学生的心理健康和情绪情感发展。

中小学生的文化素质培养是立德树人的重要内容之一，包括基础知识的学习和学科能力的培养。要让学生掌握扎实的基础知识，培养其自主学习、创新思维和实践能力，使其具有终身学习的意识和能力。

中小学生的艺术素质培养有助于提升他们的审美能力和创造力，包括音乐、美术、体育等方面的教育。要让学生了解和欣赏艺术作品，培养其艺术爱好和特长，同时也要注重培养学生的想象力和创造力。

中小学生的劳动素质培养有助于增强他们的劳动意识和责任感，包括劳动技能和劳动精神的培养。要让学生了解劳动的意义和价值，培养其良好的劳动习惯和团队合作精神，为其未来的职业发展打下基础。

中小学生的心理健康素质培养是立德树人的重要方面，包括情感、心理和行为等方面的教育。要让学生了解自己的情感和心理状态，培养其自我调节和自我管理能力，使其具有积极向上的人生态度和健康的心理素质。

习近平总书记在全国教育大会上强调："我们的教育绝不能培养社会主义破坏者和掘墓人，绝不能培养出一些'长着中国脸，不是中国心，没有中国情，缺少中国味'的人！"[①]总的来说，中小学立德树人的主要内容是以德育为灵魂，以文化知识为基础，以艺术、劳动和心理健康为重要补充，全面培养学生的思想道德素质、文化素质、艺术素质、劳动素质和心理健康素质，使其成为具有中国特色的社会主义建设者和接班人。

---

① 中共中央党史和文献研究院.十九大以来重要文献选编（上）[M].北京：中央文献出版社,2019:647.

（三）高校立德树人的主要内容

"从个体成长目标维度看，成为'有理想、有本领、有担当'的时代新人，反映了当代青年自我发展的不懈追求，反映了马克思主义人的全面发展理论在当代中国实践中被赋予的时代特质和现实表现。"[①] 高校要把培养学生的思想品德、综合素质和创新能力作为根本任务，以实现中华民族伟大复兴为己任，致力于培养德智体美劳全面发展的社会主义建设者和接班人。

1. 立德树人在高校中的重要性

首先，立德树人突出了高校育人的根本任务。高校作为人才培养的重要基地，必须把立德树人作为首要任务，以促进学生全面发展为目标，注重培养学生的思想道德素质、专业知识技能和社会责任感等。

其次，立德树人体现了高校办学的内在规律。高校教育不仅是传授知识，更是塑造人格和价值观。只有注重立德树人，才能更好地帮助学生树立正确的世界观、人生观和价值观，提高他们的思想水平和道德素养，从而更好地适应社会的发展和变化。

再次，立德树人是高校实现自身发展的必然要求。高校要提高教育质量和办学水平，必须注重立德树人，加强师资队伍

---

① 张国启，汪丹丹. 担当民族复兴大任的时代新人的逻辑内涵与培养理路 [J]. 思想教育研究，2018（12）：43-44.

建设，营造良好的学术氛围和育人环境，从而推动高等教育质量不断向前发展。

最后，立德树人是高校服务社会的重要途径。高校作为社会的重要组成部分，必须把服务社会作为自己的重要使命。只有注重立德树人，才能更好地为社会培养出更多高素质、高水平的优秀人才，为社会的进步和发展作出贡献。

2. 高校立德树人的主要内容

"心中有阳光，脚下有力量，为了理想能坚持、不懈怠，才能创造无愧于时代的人生。"[①]大学生思想政治教育应当以理想信念为核心，注重用马克思列宁主义、毛泽东思想、邓小平理论、"三个代表"重要思想、科学发展观、习近平新时代中国特色社会主义思想武装大学生，使其正确认识社会发展规律，认识国家的前途命运，认识自己的社会责任，从而树立在中国共产党领导下走中国特色社会主义道路、实现中华民族伟大复兴的共同理想和坚定信念。

以爱国主义教育为核心的民族精神教育。大学生思想政治教育应当注重弘扬和培育民族精神，将爱国主义教育作为核心，引导大学生在中国特色社会主义事业的伟大实践中汲取营养，培养爱国情怀、改革精神和创新能力，始终保持艰苦奋斗的作

---

① 习近平.在知识分子、劳动模范、青年代表座谈会上的讲话 [N].人民日报,2016-04-30(02).

风和昂扬向上的精神状态。

以基本道德规范为基础的公民道德教育。大学生思想政治教育应当注重公民道德教育，包括社会公德、职业道德和家庭美德等方面的内容。社会公德教育是全体公民在社会交往和公共生活中应该遵循的行为准则，涵盖人与人、人与社会、人与自然之间的关系；职业道德教育是向大学生传递以爱岗敬业、诚实守信等为主要内容的工作伦理；家庭美德教育注重尊老爱幼、男女平等、夫妻和睦等家庭伦理。

以大学生全面发展为目标的素质教育。大学生思想政治教育应当以大学生全面发展为目标，重视素质教育。具体来说，应加强人文素质熏陶，培养大学生良好的思想道德品质；加强科技素质教育，培养其科学的思维方式；注重身心素质教育，引导其身心健康发展。

三、立德树人根本任务的基本遵循

（一）遵循大中小学德育一体化

大中小学德育一体化是指大学和中小学之间的德育教育应

该相互协调、相互促进，形成一个有机的整体，以提高德育教育的效果。推动大中小学德育一体化，既是落实党和国家立德树人根本任务的客观需要，也是健全立德树人落实机制的关键所在。习近平总书记指出："要坚持把立德树人作为中心环节，把思想政治工作贯穿教育教学全过程，实现全程育人、全方位育人"①；要"在大中小学循序渐进、螺旋上升地开设思想政治理论课"②；"要把统筹推进大中小学思政课一体化建设作为一项重要工程，推动思政课建设内涵式发展"③。因此，推进大中小学德育一体化建设，首先要深刻把握德育一体化的重大意义。如果在思想上没有准备好，那么工作动力和主动性就会不足，势必影响一体化建设的深入实施和实际成效。

宏大的德育决策不驰于空想。2005 年，教育部印发的《关于整体规划大中小学德育体系的意见》明确指出，大学和中小学要结合学生不同年龄段的特点和认知规律，科学规划德育内容，进行分类指导，将德育内容融入教育教学和社会实践的各个环节，确保德育实效。该规划意见提出以来，推进德育一体化建设、整体构建大中小学德育体系已成为德育领域的重要主

---

① 把思想政治工作贯穿教育教学全过程 开创我国高等教育事业发展新局面 [N]. 人民日报 ,2016-12-09（01）.
② 习近平谈治国理政（第三卷）[M]. 北京：外文出版社 ,2020:329.
③ 习近平谈治国理政（第三卷）[M]. 北京：外文出版社 ,2020:331-332.

题。[①]2010 年，《国家中长期教育改革和发展规划纲要（2010-2020 年）》正式提出"构建大中小学有效衔接的德育体系"。2017 年，中共中央办公厅、国务院办公厅印发的《关于深化教育体制机制改革的意见》，明确提出要构建以社会主义核心价值观为引领的大中小幼一体化德育体系。

宏大的德育部署不骛于虚声。进入新时代，大中小学德育一体化建设有了更丰富的内涵、更实质的文件和举措。2017 年，教育部发布《中小学德育工作指南》，为落细落小落实中小学德育工作提供根本遵循。2019 年中共中央、国务院印发的《新时代爱国主义教育实施纲要》提出，要丰富新时代爱国主义教育的实践载体，把国旗、国徽、国歌、国粹等事关国家尊严的文化符号和爱国标识物有机融入学校教育全过程，让青少年学生处处受到爱国主义精神的感染。为了推动中小学德育和思政课建设，教育部在教材、师资、资源、管理等方面出台了相关文件。2018 年，教育部印发《教育部办公厅关于组织申报国家教材建设重点研究基地的通知》，设置北京师范大学大中小学德育一体化教材研究基地等为首批国家教材建设重点研究基地。2019 年，教育部等五部门印发《关于加强新时代中小学思想政治理论课教师队伍建设的意见》指出要"深刻认识加强

---

① 叶飞，檀传宝. 德育一体化建设的理念基础与实践路径 [J]. 教育研究,2020,41(07):50-61.

中小学思政课教师队伍建设的重要性和紧迫性……打造一支政治强、情怀深、思维新、视野广、自律严、人格正，专职为主、专兼结合、数量充足、素质优良、名师辈出的中小学思政课教师队伍"。2022 年，教育部发布《关于进一步加强新时代中小学思政课建设的意见》，提出从"深化教学管理创新""丰富课程教学资源""加强教师队伍建设""完善教研工作机制""构建大思政课体系"等方面进一步加强新时代中小学思政课建设。

宏大的德育工作不落然于纸笔。2018 年，习近平总书记在全国教育大会上指出："要把立德树人融入思想道德教育、文化知识教育、社会实践教育各环节，贯穿基础教育、职业教育、高等教育各领域，学科体系、教学体系、教材体系、管理体系要围绕这个目标来设计，教师要围绕这个目标来教，学生要围绕这个目标来学。凡是不利于实现这个目标的做法都要坚决改过来。"[①] 如何实现这个目标，应主要包括以下几个方面。

一是德育目标的衔接和协同。德育的本质属性或共同追求就是培养人格完善、全面发展的人。如康德所说的"把人类带向其本质规定"[②]。虽然从具体学段来看，大学和中小学不同的

---

① 习近平在全国教育大会上强调 坚持中国特色社会主义教育发展道路 培养德智体美劳全面发展的社会主义建设者和接班人 [N]. 人民日报,2018-09-11(01).
② 康德. 论教育学 [M]. 上海：上海人民出版社,2005:7.

学段有不同的德育目标，但从目标整体和学生终身发展的视野来看，大学和中小学的德育目标是一脉相承，从一而终的关系。因此，它们应该相互衔接、相互协同，共同"遵循学生身心发展规律，在纵向上开展大中小学各学段教育教学实践活动，形成一条衔接不同学段、贯穿学生发展全过程的主线"[①]，从而构建一个有机的整体，以保证德育教育的一致性和连贯性。

　　二是德育内容的融通。德育的过程是一个育人的过程，德育内容应该具有全面性和完整性。看待德育内容，应该从整体和部分及其主次矛盾的全局高度来认知。一方面，从小学到中学再到大学，德育内容应是一个不断丰富、不断充盈、"循序渐进、螺旋上升"[②]的连贯过程。在这一过程中，学生的思想品质不断发展，通过不同阶段、不同德育内容的有机累加，实现过程性育人与整体性育人统一。相反，如果"各学段各自为政、相互割裂"[③]，甚至是自相矛盾，那么势必会造成德育目标的碎片与割裂，反而起到相反的作用。另一方面，德育内容又不能违背学生德育发展的阶段规律：不同学段有不同的任务，同一任务在不同学段也有不同的要求。

_____

① 刘智，张超然. 大中小学思政课一体化建设：价值意蕴与实践路径——基于"U-G-S"教师教育模式的视角 [J]. 现代教育管理，2022(01):93-100.
② 曾令辉. 论大中小学思想政治理论课一体化建设的三个基本问题 [J]. 思想教育究，2022(08):104-110.
③ 李凡. 大中小学德育资源一体化机制建设探究 [J]. 黑龙江高教研究，2016(05):91-94.

例如，小学阶段是学生"播种"的启蒙阶段，是开启人的社会化的基础阶段；中学阶段是学生"拔节"的成长阶段，是树立正确的世界观、人生观和价值观的积累阶段；大学阶段是学生"孕穗"的成熟阶段，是知行合一、理论联系实际的攻坚阶段。[①] 因此，尽管大学和中小学不同的学段有不同的德育内容，但它们之间也应该相互融通，形成有机的整体，以保证德育教育的全面性、完整性、系统性。

三是德育方法的衔接。德育一体化并不排斥各个学段、各类学校德育实践策略的多样性。[②] 相反，它们之间应该相互衔接，以保证德育教育的有效性和针对性。因此，开展德育一体化建设，既要遵循学生整体发展的一般规律，又要统筹兼顾不同学段、不同学生的特点，注重因材施教，避免因方法不匹配导致课堂效果大打折扣。例如：小学阶段开展启蒙性学习，让课堂"动"起来；初中阶段开展体验性学习，让课堂"燃"起来；高中阶段开展常识性学习，让课堂"议"起来；大学阶段开展理论性学习，让课堂"活"起来。[③]

四是德育资源的协同。一体化是在多面性中寻求一体化的共识。这种共识往往是多元主体在协商交往中经过持久的对话

---

① 宋婷.构建大中小学思政课一体化育人格局 [J].思想政治课教学,2020(05):4-7.
② 叶飞,檀传宝.德育一体化建设的理念基础与实践路径 [J].教育研究,2020,41(07):50-61.
③ 张彩云.大中小学思政课一体化建设新图景 [J].中学政治教学参考,2019(34):4-8.

和协调而形成的共识。[①]一体化建设作为一项系统性的工程，离不开多元主体、多种资源的协同配合。[②]在教学资源的纵向协同方面，不同级别学校要建立德育知识的层递逻辑，帮助学生形成对已有德育知识的上位概念，实现由启蒙认识到感性认识再到理性认识的飞跃，促进德育的生长。在横向方面，首先，要建立学科资源协同。不同学科之间要打破资源壁垒，深入挖掘各学科所蕴含的优势德育资源，相互融合，发挥协同育人作用。其次，家庭、学校、政府等要建立主体资源协同。家庭是学生的第一责任人，要发挥家庭教育优势，帮助孩子扣好人生第一粒扣子；学校要发挥德育专业优势，帮助孩子掌握正确的德育知识，同时引导家庭、社会形成教育合力；政府等部门要统筹协调社会资源支持服务学校德育教育。最后，要建立德育的场域资源协同。大学、社区、场馆、网络要为中小学营造良好的德育氛围和实践基地，形成线上线下、校内校外教育合力，实现空间资源共享。

---

① 哈贝马斯.交往行为理论:行为合理性与社会合理化(第一卷)[M].上海:上海人民出版社,2005:244-250.
② 石书臣.推进大中小学思想政治教育一体化建设:战略意义、本质要求和方法策略[J].思想理论教育,2023(06):13-19.

（二）遵循育人过程的内隐化

内隐学习一词最早由美国心理学家 A.Reber 于 1965 年提出，是指有机体在与环境接触的过程中不知不觉地获得了一些经验并因之改变其事后某些行为的学习。[①] 德育内隐化，是指将德育教育融入日常教育活动中，让学生在无意识、不自觉的情况下，潜移默化地接受德育熏陶。这种教育方式不同于传统的显性德育教育方式，而是通过间接、隐蔽的方式进行，比如通过班级管理、活动安排、教师言行等来传递德育信息。德育内隐化可以让学生更加自然地接受德育内容，避免显性德育教育方式的生硬性和强制性，同时能够更好地发挥学生的主体性和自主性。

就德育内隐化的关键要素而言，主要有如下影响因素：

班级氛围——班级氛围是由一定物质因素（如学习环境、黑板报、集体规则、文明准则、文化墙、图书角、桌面文化等）和人文因素（师生关系、集体关系、小圈子关系、课程育人、德育评价等）构成的外部环境，是一种富有感染力的真实的道德环境。班级氛围是影响学生思想和行为的重要因素之一，良好的班级环境不仅能够让学生感觉更为舒适，还能够对班级氛

---

① 郭秀艳,杨治良.内隐学习与外显学习的相互关系 [J].心理学报,2002(04):351-356.

围产生积极影响。可以通过"教室环境卫生建设，教室墙壁德育内容展，以德育为主题布置班级，构筑班级精神"等途径让学生在潜移默化中接受德育熏陶。

教师言行——教师是学生身边的重要人物，"教师的理想信念、言行举止、学识观念、爱好习惯等都潜移默化地影响着学生"[①]。有时，教师的一种温柔的语气、期待的眼神、一个赞许的手势就能真正让德育走进学生心灵，超越任何形式的言语说教。因此，教师需要注意自己的言谈举止，以身作则，为学生树立良好的榜样。在思想上，教师要树立以学生为中心的德育观念，把德育焦点从更多地关注学生道德知识的增长转变为学生品德的成长。为此，教师要改变"一言堂"和"说教式"的教学方式，使德育过程真正成为师生双方平等交流对话的过程。除此之外，教师要怀有爱生之心，平等尊重和关注每一位学生的成长，以仁爱之心去感化、去净化、去陶冶学生的人格，勉励学生学做真人。在行为上，教师要做道德的践行者、示范者。观察学习理论认为，学生的品德是可以通过观察学习和行为模仿习得的。换而言之，只有教师自身从情感上认同道德，从意志上坚定道德底线，做到道德认知与其道德行为一致，才更有利于促成学生道德认知迈向道德行为，并内化为道德认同，最

---

① 彭小兰,童建军.德育视域中的隐性教育生成研究 [J]. 南京社会科学 ,2009(02): 131-137.

终达到"亲其师"而"信其道"。

教育活动——"道不可坐论，德不能空谈"①，理论灌输能够为提高道德实践能力奠定认知基础，但是道德实践能力的获得必须在实践中锤炼提升。②多样化的活动安排可以让学生更好地接受德育熏陶。首先，要在多样化的研究性、探究性的活动中开展德育。教师要明确，德育不是教师知识的灌输，而是一种道德的理悟，德育不是居高临下的教学关系，而是基于平等的生命对话。要把德育从过去教师主导变为学生积极参与的有机结合，让学生在合作探究中一步一步走出心中的道德困境，完成内心深处的自我判断、自我说服、自我选择、自我教育。其次，要将德育融入真实生活。一方面，要使德育活动从原来抽象的脱离生活的道德理论向生活回归，让学生在生活中感受道德的真实性、必要性。另一方面，每个学生都有自己独特的生活经验，带有不同层次隐性知识。因此，在教学中要充分尊重学生的个体差异，"促使学生将自己独特的生活体验置于学习内容中，调动自己内隐的观念态度，把学习内容中的空白补充起来，完善并生成新的独特体验"③。德育是实践理性，内隐的道德最终一定要外显为道德行动，正所谓"知、情、意"最

---

① 习近平谈治国理政 [M]. 北京：外文出版社，2014:173.
② 许春涛，王晓南. 认识、养成、实践：习近平道德建设观的逻辑理路 [J]. 思想理论教育导刊,2019(08):4-8.
③ 虞明霞. 内隐学习视角下的无痕德育 [J]. 中学政治教学参考,2014(33):36-37.

终还是要回归到"行"。通过教育性实践活动，学生不断应验已经形成的道德认知，并逐步建立起能够支配自己行为的习惯性力量和态度，从而把所学的价值观念和道德规范自觉内化为精神信念和行动准则，最终达到知行合一的理想境界。

教育方式——渗透教育是融合在教学和日常环境中的一种不显山、不露水而又有明确目的的教育方式，具有"渐进性、隐蔽性、间接性"[①] 和"广泛性"[②] 等特征。一方面，渗透教育是全面的渗透，即"时时有渗透、事事有渗透、处处有渗透"，将德育渗透到学生生活、活动、制度规范、校园建设等方面。这并不意味着将德育教条化、神圣化，而是在日常生活和学校学习中遵循德育的原则，反映德育的理念。另一方面，渗透教育也需要借助一定的载体。学校是实施渗透教育的主力军，课程是德育渗透的载体，每个学科都应该担负德育的任务，将德育渗透到整个教学活动中。

总之，德育内隐化是一种以隐性方式进行德育教育的方式，它可以让学生在无意识、不自觉的情况下接受德育熏陶，从而更好地实现德育教育的目标。

---

① 余筱兰 . 渗透式法律教育在高校德育教育中的有效运用 [J]. 中国教育学刊 ,2015(S1):237-238.
② 郭彦瑞 . 教学中渗透理想教育的途径 [J]. 思想政治课教学 ,2017(09):32-35.

（三）遵循育人过程的全要素化

"三全育人"即中共中央、国务院《关于加强和改进新形势下高校思想政治工作的意见》提出的坚持全员全过程全方位育人（以下简称"三全育人"）的要求。践行"三全育人"理念需要五个维度的保障。

第一，家校社会的协同合作是"三全育人"的基础保障。习近平总书记指出："教育是国之大计、党之大计；办好教育事业，家庭、学校、政府、社会都有责任。"① "三全育人"首先是全员育人，即学校与社会、家庭、企业等各方面力量协同合作，共同参与育人的过程。但这并不意味着只是参与育人主体数量的简单增加，相反更强调多主体的协同作用。"全员育人"不仅要求单纯个体育人意识的提升，或是某个单位的育人水平的提高，唯有做到全员"协同育人"，才能实现育人的目标。

第二，制订具体计划是"三全育人"的方向保障。制订具体计划是指育人的过程不是局限在某个单位、某个时间节点、某个课堂，而是更多地关注学生的长期发展，从幼儿到大学进行整体性规划。这就要求大中小学要按照不同阶段、不同梯次，

---

① 习近平在全国教育大会上强调 坚持中国特色社会主义教育发展道路 培养德智体美劳全面发展的社会主义建设者和接班人 [N]. 人民日报，2018-09-11（01）.

多手段、多维度地制订具体的育人计划，设定明确的目标和实施步骤，从而在时间上形成一个连续不断的教育过程，最大限度地提升学生德育的连贯性和有效性。因为，从长远来看，人的发展实际上是一个从量变到质变的不断发展的过程。制订具体计划实际上就是育人过程中对质变的量的准备。只有有目的、有策略的全程育人，才能得到最终质变的育人成果。

第三，丰富课程设置是"三全育人"的内容保障。实现"三全育人"的最基本、最有效的途径就是课程。在课堂教学中，教师通过知识传授与价值引领，实现育人的目的。[1]从"三全育人"的视角来看，德育课程不应仅仅局限于思政课，而是应将德育内容寓于各类课程中，将课程知识、德育思想、发展成长三者有机结合，"让学生在课本中和教师传道授业解惑的过程中获得思想认知和价值观念的启迪，实现课程育人的效果"[2]，以全面发展学生的能力。例如：德育专门课程可以系统高效地传授德育原理、德育思想、道德规范，以帮助学生树立正确的道德观念，学会明辨是非、辨别美丑、评价善恶、认识荣辱；学科课程应积极挖掘和拓展可实施德育的内容，并通过学科知识对思维的培养，提高学生的逻辑和抽象思维高度，从而达到

---

[1] 高德毅，宗爱东. 从思政课程到课程思政：从战略高度构建高校思想政治教育课程体系 [J]. 中国高等教育,2017(01):43-46.
[2] 李沐曦. 新时代高校"三全育人"理论与实践研究 [D]. 吉林：吉林大学博士论文,2023:61.

隐性育人的效果。活动课程是学生喜闻乐见的课程形态，学校应充分认识到活动课程中的德育价值，通过设置一个个德育活动和仪式，营造积极向上的文化氛围，使学生经由感性最终将其内化为某种道德信仰，最终夯实道德思想和道德实践基础。

第四，加强心理辅导是"三全育人"的心灵保障。育德和育心是分不开的，育德关键在于育心，没有了强固的心灵地基，德育就是空中楼阁。在当今高速发展且信息和认知都在发生巨大变化的时代，学生的心理状况势必会发生改变，并且随着学生所面临的学业、就业、社交、婚恋、家庭等方面的压力和挑战增多，诸如厌学、焦虑、抑郁、极端等俨然成为阻碍学生人格完善的严峻性问题。因此，学校要以提高学生心理素质为重点，为学生提供专业的心理辅导服务，帮助学生处理情感和心理问题，提升抗压能力和心理韧性，这是学校打造德育新格局的重要心理保障。毕竟健康的心理状态是学生一切活动重要精神基础，"心理疏导过程看似是处理具体心理问题，但它涉及人格的完善和发展"[①]，只有具备良好的心理素质，才可以让学生更好地与自己、与他人、与社会交往，并表现出自身的德育特质。

第五，创新育人方式是"三全育人"的路径保障。通过知

---

① 余双好. 从说理教育到心理疏导——思想政治教育方法的发展 [J]. 思想理论教育导刊 ,2011(07):89-96.

识对学生进行德育，"培养具有完善道德品格的人是教育的最高目的"[①]，而实现这一至高目标离不开教育性教学。教学的首要活动就是教授知识，学生如若没有一定的道德知识，就失去明辨是非、辨别真假美丑的思维基础，也就没有后面的"情、意、行"，更不能养成良好的思想品德。我们还须清醒地认识到，知识教学与品德发展并非线性机制。[②]换而言之，学生品德的发展有时快于知识的学习，有时慢于知识的学习。这就要求教师在教学设计时，既能够对学生品德实际发展情况进行精准把握，合理设置学科核心素养目标；同时在教学与日常过程中，要时刻有意识地关注学生品德发展状况，发现问题，及时解决。为了促进学生德育知识学习，在技术方面，教师要充分利用现代信息技术提供的资源，如微课、慕课、互联网等，将枯燥的抽象概念转换成学生更可接受的内容，以更为直观的视听方式促进学生主动参与以及兴趣的培养。在课程设计方面，要注重启发式教学、问题探究教学、案例教学等教学形式，将德育课程与综合实践活动课程、劳动课程等有机结合，在探究、实践和劳动中开展德育。

---

① 凌淑莉.赫尔巴特道德教育思想的理论意蕴与实践启示 [J].社会科学战线,2021(07):240-245.
② 张忠华,孙文敬.论课程德育的内涵及实施要求 [J].江苏大学学报(社会科学版),2023,25(04):103-113.

第二章
立德树人根本任务的理论建构

党的十八大报告中提出把立德树人作为教育的根本任务，党的十九大报告阐释了落实立德树人根本任务目标的深刻内涵，党的二十大报告中进一步强调育人的根本在于立德。党的十八大以来，习近平总书记在全国教育大会、学校思想政治理论课教师座谈会等重要场合多次强调立德树人的重要意义，并发表一系列重要讲话，做出一系列重要指示批示，对如何落实立德树人根本任务提出了具体要求。培养什么人，是教育的首要问题。"立德"，是培养什么人的首要任务。习近平总书记指出："要把立德树人的成效作为检验学校一切工作的根本标准，真正做到以文化人、以德育人，不断提高学生思想水平、政治觉悟、道德品质、文化素养，做到明大德、守公德、严私德。"[①]集中体现了党和国家对教育事业的根本定位和时代特征。

立德树人根本任务，具有深厚的历史底蕴，得到科学理论的浸润指导。具体而言，就是既吸收中国传统德育思想的积淀和精华，又得到马克思主义人学主义理论的指导。立德树人根本任务的提出，将中华优秀传统文化中的德育思想与马克思主义关于人学理论和德性教育的重要论述相结合，是"两个结合"的产物，并在新的育人要求、时代规律与发展实际中，形成了"时时、处

---

① 习近平.在北京大学师生座谈会上的讲话 [N].人民日报,2018-5-3(02).

处、人人"的具有中国特色的全环境立德树人体系。

一、根植中华传统德育思想

　　立德树人根本任务植根于中华传统德育思想。"立德"，就是坚持德育为先，通过正面教育来引导人、感化人、激励人。

　　立德是中华优秀传统文化的重要组成部分。巍巍中华，礼仪之邦。"德"在中华民族政治文明与精神文明中始终占据核心地位。春秋以来，群雄竞起，"修身"成为规范社会秩序的重要内容，"明德"也成为中国传统教育的第一要务。"德"的内蕴博大精深。在《易·乾·文言》中，"德"具有"君子进德修业"的"道德"之意；孔子提出"君子怀德"，指出道德教育对于个人成长的重要意义；在《战国策·魏策四》中，"德"具有"吾有德于人也，不可不忘"的"恩德"之意；在《管子·心术》中，强调"德者道之舍"，"德"被纳入中国古代的哲学范畴；《左传·襄公二十四年》中的"立德、立功、立言"三不朽之说对后世影响深远；延至晚清，章炳麟在《国故论衡·语言缘起》中指出："实、德、业三，各不相离"，"德"又被赋予"感德"的内涵。由此可见，在中华优秀传统文化中，"德"的内涵是非常丰富的。这一丰富内涵传承至今，成为立德树人根本任务中"德"的部分内核所在。

立德树人根本任务，不仅要求受教育者具备一定的道德品质和道德素养，而且对受教育者的性格特征、行为表现等诸多方面提出要求。

第一，立德树人要涵养深厚的爱国主义情怀，这植根于中国传统德育的爱国主义精神。爱国主义自古以来一直是中华民族团结奋斗的精神旗帜，更是道德教育的首要内容。早在先秦时期，先贤圣人就提出了"夙夜在公""苟利社稷、死生以之"的道德要求，认为为了国家、社稷而付出个人所拥有的一切是个人道德的最高体现。儒家也积极倡导爱国主义，指出一个有道德的人为了国家要有"无求生以害仁，有杀身以成仁"的品质。无论是"匈奴未灭，何以家为""南共北，正分裂""进亦忧，退亦忧"的民族意识，还是"鞠躬尽瘁，死而后已""精忠报国，还我山河""人生自古谁无死，留取丹心照汗青"的报国决心；无论是"位卑未敢忘忧国""修身齐家治国平天下""天下兴亡，匹夫有责""先天下之忧而忧，后天下之乐而乐"的家国胸怀，还是"安得广厦千万间，大庇天下寒士俱欢颜""长太息以掩涕兮，哀民生之多艰"的担心忧虑，都是中国传统文化中爱国主义的鲜明体现，而具有这些高尚品格的人，也成为中华民族的道德典范和楷模。

立德树人的爱国主义赓续于近代的民族主义精神。近代以来，中国人为挽救中华民族生存危机，在反帝反封建斗争中作出巨大贡献，进一步丰富了爱国主义精神的内涵。"苟利国家生死以，岂因祸福避趋之""归来报命日，恢复我神州""血战沙场，为国捐躯"等为国献身的爱国思想熠熠生辉。许多仁人志士高呼"师夷长技以制夷""实业救国""变法图强""民主科学"等口号，从技术、经济、政治、思想文化方面提出自己的救国主张并付诸实践，试图挽救民族危亡。20世纪初，以梁启超、孙中山为代表的资产阶级提出"合群之德""道德革命""人格救国"的口号，提倡社会公德、人类互助，宣扬健全的个人主义、情感的人生观、科学的人生观、进化的人生观，主张对传统道德观加以改进，加强公民道德教育，通过完善国民人格来达到救国的目的。这一阶段的爱国主义德育思想，不再单纯强调为国牺牲一切，而是更加注重国民个人素质的培养与完善。可以说，对中国传统爱国主义精神和近代民族性爱国主义的继承和发展，是植根于传统德育思想的爱国主义。

第二，立德树人根本任务要求培育正确的价值观，这植根于中国传统德育所强调的辩证的义利观。一般来讲，"义"主要指集体利益，后引申为国家大义，"利"主要指个人私利。中国传统文化始终强调义字当头、先义后利、舍利取义。如果说爱国主义是立德树人在国家层面的要求，那么义利观就是立德树人在社会层面的要求。以孔子、孟子、荀子为代表的儒家认为，义和利是两个不同的方面，两者有上下之分，义应在上、利该在下，提倡以义克利、重义轻利。两汉时期，董仲舒等人在儒家思想的基础上，提出"仁人正其谊（义）不谋其利，明其道不计其功"，认为高尚之人重义且不谋取私利，传授自己的观点却不计较自己的功劳，要求统治者树立义重于利的观念，全心全意考虑义的问题，不再谋求自己的私利。两宋时期，程颐、程颢兄弟二人崇义贬利，倡导去私为公。明清时期，黄宗羲、何心隐、李贽、王夫之等人批判二程的义利观，主张尊重个人通过劳动所得的权利，认为重利是必要的，但要以义制利。这些辩证看待义利的思想，是立德树人根本任务中弘扬正确价值观的理论源泉。

在中国传统德育中，大多注重对个人利益的节制。尽管宋明时期的理学家们强调利与义的对立，主张个人利益绝对服从整体利益，但其所内含的见利思义、以义为先的思想对后人产生了深远影响。"义"的内涵在变化发展中逐渐演变为民族大义、民族利益、国家利益、集体利益，而"利"则逐渐引申为融于家国大义的个人利益。中国传统的先义后利观，近代的义利统一观，都对立德树人根本任务所提倡的集体主义与团结精神产生深远影响。

第三，立德树人要重视个人私德修养，做到"严私德"，这也是传统德育思想中的重要组成部分。中华传统德育注重明礼修身，构建和谐的人际关系。诸多思想家、教育家都将"仁"视为道德的核心要素，认为"仁"是衡量一个人是否具有高尚品德的关键，强调个体不仅要"爱亲""爱人"，更要"泛爱众，而亲仁"，要求人民广施爱心、博爱众人、亲近仁人志士，以求人际关系的协调。

首先，"爱人"要重视人的价值。《论语·乡党》中有这样一个故事：某天马棚失火，孔子退朝回来后，首先问"伤人乎"，而非询问马棚失火造成的其他损失，这成为"爱人"理念的典型案例，也就是要把人放在首位。其次，"爱人"必须做到"推己及人"。儒家把"己所不欲，勿施于人""己欲立而立人，己欲达而达人"作为人们处理自身与他人关系的基本依据与原则，认为与他人交往过程中，不能只考虑自己的情感、利益，应当设身处地地多为他人着想，彼此互相帮助、互相理解、互相包涵，从而消除交往中的矛盾与冲突，实现人际关系的和谐友善。最后，"爱人"还要有"良知"，更要"兼相爱"。孟子认为，人之所以与动物不同，就在于人有道德良知，即对他人的同情、怜悯、关心之情与慈爱之心，而君子之所以与人不同，就在于君子"以仁存心，以礼存心"。墨家从人和人之间的相互尊重和功利原则出发，认为人与人的关系是对等互报的，凡是爱别人的人，别人也爱他；凡是有利于别人的人，别人也有利于他；憎恶别人的人，别人也憎恶他；损害别人的人，别人也损害他。墨家提出的"爱人"是没有差别、没有条件的爱。他们意图通过实行"兼爱"原则，建立一种"有力者疾以助人，有财者勉以分人，有道者劝以教人"的互助友爱的社会关系，建立一个能够使"饥者得食，寒者得衣，乱者得治"的合理社会。这种推崇仁爱思想、主张明礼修身的精神被传承弘扬至今，不仅成为中华民族构建和谐社会的道德支柱，也构成个人基本行为规范的重要内容。

第四，立德树人根本任务要求勇于担当尽责，这植根于中国传统德育所强调的责任意识。中国传统德育中的责任观随着国家制度的建立不断发展丰富，从强调个人在人伦、家庭关系中应尽的道德责任，进一步延伸到为国家服务的时代担当。

担当尽责首先体现为在家庭中的伦理道德责任。《尚书》中提出"父义""母慈""兄友""弟恭""子孝"五教，初步形成以家庭为本，以血缘为纽带的道德要求。孔子在此基础上，把家庭伦理关系中的"孝"引申为家国关系的"忠"，将人伦与政治联系起来，提出"君君臣臣父父子子"的伦理道德原则。这种把骨肉之情引向社会政治统治的伦理思想，奠定了封建社会"以孝治天下"的伦理基础。孟子在孔子思想的基础上又加以延伸，提出处理人伦与家国关系的原则，主张构建"父子有亲，君臣有义，夫妇有别，长幼有叙，朋友有信"的社会秩序，即人人养成"父慈""子孝""兄良""弟悌""夫义""妇贞""长惠""幼顺""君仁""臣忠"的道德意识和道德习惯。

在封建社会中，古人认为一个人只有具备承担作为家庭成员的责任的自觉，才能承担起对社会、对国家的责任，所谓"修身齐家治国平天下"，便是对这一思想的高度概括。这种由家庭责任延伸到家国责任的思想，虽其根本目的在于维护封建等级制度的糟粕，但其中蕴含着鲜明的主动担当的价值观包含着合理成分。我们若赋予其符合时代特质的新含义，则对改善人与人之间的关系和维护社会秩序具有积极作用。

第五，立德树人根本任务要求锤炼意志品质，这植根于中国传统德育所承载的自强不息的奋斗精神，具体表现为中华民族所具有的励精图治、顽强拼搏、艰苦奋斗精神。

早在先秦时期，古人就把自强不息的奋斗精神作为培育道德品质的重要内容。《周易·象传》有言："天行健，君子以自强不息；地势坤，君子以厚德载物。"意思是上天按照一定的规律运动，刚强劲健，君子处事应像天一样，自我力求进步、刚毅坚卓、发愤图强、永不停息；大地的气势厚实和顺，君子为人应像地一样，增厚品德，容载万物。《墨子·修身》中提出："志不强者智不达"，认为一个人即使有卓越的智慧，如果没有坚强不屈的意志和坚韧不拔的毅力，也难以有所作为。

先贤圣人还给予自强奋发者以充分肯定。荀子认为，通过品德修养达到自强者，"则名配尧禹"；老子坚信"胜人者有力，自胜者强"；欧阳修感慨"忧劳可以兴国，逸豫可以亡身"。自强不息的奋斗精神，是中华传统文化中"德"的重要彰显之一。

到了近代，在西方列强的欺凌和压迫下，"中国何去"成为时代的中心问题，无数仁人志士大声疾呼"自强救国"。曾国藩主张人必须受得住磨难，抵得住压力，吃得了苦，稳得住心，要有"独赖此耿耿精忠之寸衷，与斯民相对于骨岳血渊之中"的意志。严复在翻译达尔文的《天演论》时，得出"物竞天择、适者生存"的思想，认为在残酷的生存竞争中，只有不断进取的优秀者，才能生存和发展。中华优秀传统文化中蕴含的奋发有为、自强不息的精神，成为立德树人根本任务中锤炼意志、磨砺品格的精神之源。

总之，中国传统德育思想在漫漫历史长河中延续至今，并随着社会发展不断被赋予新的时代内涵，逐渐形成中华民族以和为贵、崇尚中庸的独特气质，更形成以维护国家大义、民族荣誉、集体利益为主的家国情怀，以及爱好和平、追求和谐、艰苦奋斗、自强自立的优良传统美德和品质。"德"无论是代表个人品德修养，还是代表社会公德，都是一个国家、一个民族、一个社会文明程度的标志，对个体立命、社会发展、国家进步具有重要意义。

坚持社会主义办学方向，扎根中国大地育人才，必须不断挖掘、传承、弘扬中华优秀传统文化中的德育资源、德育元素，围绕贯彻落实立德树人根本任务，全面提高时代新人的思想政治素养与道德品质修养，推进中华民族伟大复兴。

二、传承马克思主义人学理论

立德树人根本任务，落脚点在于"树人"。树人，就是坚持以人为本，培育全面发展的人、培养社会主义建设者和接班人、培养堪当民族复兴大任的时代新人。贯彻落实立德树人根本任务，必须坚持马克思主义指导地位，而马克思主义的思想起点，就是对"人"的理解。

人学是一门古老的学科，有着厚重的历史积淀与深远的发展脉络。早在文艺复兴时期，以人为中心的人道主义就在西欧形成一股思潮，主张以"人权"反对"神权"，以"人性"反对"神性"，以"人本"反对"神本"，并就"什么是人"等问题进行了初步思考。宗教改革时期，"因信称义"的先定论否定了教皇的绝对权威，使人获得精神上的自由和灵魂得救的自主权，人道主义思想得到进一步发展。启蒙运动时期，哲学家、思想家们意识到中世纪神学对人们思想的禁锢，主张人类要脱离自己所加之于身的不成熟状态。所谓不成熟状态，就是指不经别人的引导，就无法运用自己的能力。启蒙思想家们强调把理性作为人类认识世界的主要方式，伏尔泰、洛克、卢梭、狄德罗等人深入探讨了人的本质、人的地位、人的尊严等问题，主张追求人人自由平等，主张人权神圣不可侵犯。这一时期人道主义思想达到了新的高度。18世纪末至19世纪上半叶，德国古典哲学家把人的本质上升为理性实体，如黑格尔发现人类劳动在资本主义时代发挥了巨大且无可替代的作用，把人看作自己劳动的结果，认为人的本质是在劳动中形成的；费尔巴哈则认为人不仅是自然界的产物，还是自然界的一部分，人的思维是以自然界为内容、凭借身体和思维同自然界产生联系。

经过数百年的发展，人本主义思想逐渐形成体系。在一般原则上，它提倡关怀人、爱护人、尊重人，强调以人为本、以人为中心的世界观；在人的本质问题上，它反映了人和外部社会的关系；在思维方式和批判功能上，它认为人追求完美的人性，而人性在现实社会中有所丧失，主张扬弃普遍人性中的个性；在内容框架上，主要涵盖人的本质是什么、人是如何存在的、人性复归这三个问题。

受时代局限性的影响，传统人道主义思想往往把人的本质理解为感性存在或者某种抽象物,而非实践,忽略了人类赖以生存发展的环境与人的能力。尽管传统人道主义思想存在不足,但它为马克思主义人学理论的形成提供了重要理论来源。在人道主义思想的影响下,马克思、恩格斯等从人和动物相区别的本质特征和意义上理解人,在继承人道主义的一般原则、本质、思维方式、批判功能和内容框架的基础上,加以批判、发展,创造性地提出了科学的人学思想。概括来讲,马克思主义人学理论可分为四大部分,即人学理论出发点、人的本质、人性问题以及人的全面自由发展。

理解马克思主义人学理论的出发点,是梳理该思想整体框架的前提。马克思曾对"神权"凌驾于"人权"之上的现象和神学权威进行强烈批判。在他看来,宗教是人的自我意识和自我感觉,是人的本质在幻想中的实现,不是宗教创造了人、创造了国家、创造了社会,而是人以及人的一切构成了国家,是社会创造了宗教,而创造就必须以实践为手段。可以说,人的本身及其实践活动是马克思主义人学理论的出发点,这不仅是对西方传统人本主义思想的突破,也是马克思主义人学理论的首要观点。

关注人本身是人学理论出发点的着眼之处。马克思主义之前的旧唯物主义虽然肯定物质的第一地位,但存在漠视人的倾向。以霍尔巴赫、霍布斯、斯宾诺莎、拉美特利等人为代表的机械唯物主义虽然肯定物质的决定作用，但只承认物质为感性对象，在这种唯物主义的观点下，几何学成为最主要的科学，认为物质是一切变化的载体。马克思将其称为"纯粹的"唯物主义，认为其不仅"毫无血肉的精神"，还使"唯物主义变得敌视人了"①。在他看来，人才是类存在物，换句话说，人就是人的世界，就是国家和社会，社会本身就是处于社会关系中的人本身，从这个意义出发，人与生俱来就是"本"。

实践是人学理论出发点的主要内容。马克思主义哲学理论家一般把实践的观点看作马克思哲学认识论的理论基础，把实践作为一切科学认识的来源、基础和检验科学真理的唯一标准。马克思主义诸多经典哲学著作中，曾反复阐述实践在认识论中的重要地位，马克思主义人学理论也不例外。费尔巴哈突破了机械唯物主义思考物却不思考人的弊端，高度重视人，并将人纳入哲学视野中，主张观察自然、观察人，号召"在这里，你们可以看到哲学的秘密"②。但是他仅从主从关系的角度，探讨人与自然的关系，认为人是自然界的产物，单纯强调人是自然界的构成部分，只有自然才是世界的终极归结。而马克思则认为，人与自然不是单纯的归属关系，人能够基于自己的思想，通过各种实践活动改造自然。正如马克思在《关于费尔巴哈的

---

① 马克思恩格斯全集（第2卷）[M]. 北京：人民出版社,1957:164.
② 费尔巴哈哲学著作选集 [M]. 北京：商务印书馆,1984:115.

提纲》中指出的："人的思想是否具有客观的真理性，这并不是一个理论的问题，而是一个实践的问题。人应该在实践中证明自己思维的真理性，即自己思维的现实性和力量，亦即自己思维的此岸性。关于离开实践的思维是否具有现实性的争论，是一个纯粹的经院哲学的问题。"①

人的本质问题是人学理论的基础。根据马克思主义观点，人的实践活动是人有目的、有意识地改造客观世界的自觉性活动。在实践活动中，人必须运用实物工具以及各种语言、文字等工具体系进行创造，必须借鉴过去人类劳动成果，凭借人类的指挥与力量进行创造，人总是处于一定的结成的社会关系中。由此，在马克思主义哲学中，人的本质并非单个人所固有的抽象物，从现实性上考虑，人是一切社会关系的总和，即人在各种制造和使用工具的实践活动中所结成的各种关系的总和。在马克思主义人学理论中，其研究的不是任意想象出来的抽象的人，而是现实的个人以及他们的活动和他们的物质生活条件。

结合人学理论的出发点可以看出，在马克思主义人学理论中，实践性是人本质的规定性。一方面，人必须通过实践才能生存，离开实践，人就失去了生存的物质条件。另一方面，人与自然界的关系并不是单向的，人类并不是消极地应对自然界

① 马克思恩格斯选集（第 1 卷）[M]. 北京：人民出版社,1995:58-59.

变化的过程，人也能充分发挥主观能动性，改造生存条件。

另外，马克思主义人学理论体系还十分崇尚"德"的品质，认为道德是人的本质的最高体现，这不仅与中国传统思想中重视道德地位，甚至将道德的追求看作最高境界的观点不谋而合，而且是对西方传统道德思想的延伸与突破。

早在古希腊时期，苏格拉底就在人的问题上号召"认识你自己"和"德性即知识"，强调人在认识自己的过程中、在追求理性和善的过程中、在学习知识的过程中，道德始终发挥着举足轻重的作用。"认识你自己"不单单是认识流于表面的个体的样貌和身材，更是要深层次地认识灵魂中的理性的部分，也就是探寻人的本质。换句话说，苏格拉底认为人追求知识的本质就在于追求与正义、真理相关的理性和道德，在于回归人的本质。"德性即知识"主张美德和智慧的统一、善与真的统一，只要做到这两点，人就可以借此完善塑造灵魂。

马克思主义思想家在继承古希腊先贤思想的基础上，从人本身出发，把道德作为人的本质的最高体现。在他们看来，道德是人与人、人与集体、人与社会之间利益关系的反映和体现，从深层次本质来看，就是"人类为了满足自身的发展和完善的需要以及社会稳定和谐的需要，在个人欲望的满足和社会和谐之间确立的一种平衡机制"①。也就是说，道德是构建和谐社会的重要因素。道德不只是社会关系和谐的必要因素，也是个人实现自我价值的最高追求。只有立足马克思唯物主义的实践观点，在充分发挥主观能动性的基础上，用道德进行自我约束，明礼修身，才能从自然人上升为道德人，进而上升为社会人，从而回归到人的本质，成为一个真正的人。

人性是马克思主义人学理论中对"人"的特点的高度概括。马克思主义哲学中，人性是现实的、具体的，而非抽象的，它是人自然属性、社会属性和精神属性的有机统一体，是在一定物质条件下自觉地从事实践活动的人的全部属性。马克思主义人学理论中对人性的解释可分为三个方面。

其一，人性是对自由的追求。人像动物、植物一样，是自然界中有生命的存在，但人与动植物之间还存在一定的差别。人是社会关系的主体，具有主观能动性，能够改造客观世界。人在发挥主观能动性的过程中，需要在物质条件的限制下，在尊重客观规律的基础上，运用全部生命力量、生命活动努力突破自然和社会对自己的限制和压迫，力求认识规律、驾驭物质对象，进而取得更多思想和行动上的自由。这是人类进行实践活动的目的，是人类生活的实质。

---

① 杜振吉．近三十年来关于道德本质问题的研究综述 [J]．道德与文明,2010(2).

其二，人性是对劳动和社会性的需求。马克思认为，真正的人就是"社会的即是合乎人的本性的人"①，人在健康状况、体力状况、生活状况、生活技巧和技巧熟练程度正常的情况下，有从事劳动、与社会交往的欲望。然而，在资本主义经济制度下，生产社会化和生产资料私有制产生矛盾，劳动者被剥夺了一部分生命和人性，劳动才被迫异化为人的谋生手段。马克思还指出，在共产主义社会的条件下，劳动和社会性将成为人们生活的第一需要，成为人们自然追求的活动和人的本性的回归。

其三，人性是对客观世界的实践与改造。人为了争取自由，满足需求，仅靠生存本能与适应环境是远远不够的。正如前文所讲，人与动植物的差别，就在于人并不是单纯适应环境，而是能够通过发挥主观能动性来实现对客观世界的改造。在人类文明进化的过程中，人不仅依靠大自然的恩赏，还能够根据自己的需求，利用已有的物质条件和经验去创造和使用工具、改造外部世界，并使其成为支持自己生命活动、满足自身需求的一部分。

人的自由而全面的发展是马克思主义人学理论的最终目的。人的自由发展是指在一定条件下，人类可以自我支配，凭借自身意志而行动，并对自身的行为负责。人的全面发展是指人的劳动能力的全面发展，即人的智力和体力的充分、统一的发展，

---

① 马克思恩格斯全集 (第 3 卷)[M]. 北京 : 人民出版社 ,1957:297.

也包括人的才能、志趣和道德品质的多方面发展。

在马克思主义之前，西方思想家、教育家对人的全面发展进行了初步阐述。如古希腊哲学家亚里士多德主张和谐教育，近代教育学之父夸美纽斯提出泛智教育的理想，认为所有的人都应当受到完善的教育，使之得到多方面的发展，成为和谐发展的人。法国启蒙思想家卢梭认为教育的目的和本质，就是促进人的自然天性，即自由、理性和善良的全面发展。瑞士教育家裴斯泰洛齐倡导教育应以善良意志、理性、自由及人的一切潜在能力的和谐发展为宗旨。

马克思等人在上述思想基础上，从分析人和生产关系入手，提出人的全面而自由的发展。主要包括人的社会关系的全面发展、人的活动的全面发展、人的素质的全面提高、个人价值的实现以及人的个性的全面发展。人的本质是社会关系的总和，人总是处于一定的社会关系中，这就意味着，社会关系是否全面发展，很大程度上影响甚至决定一个人能够发展到什么程度。同时，马克思认为人的活动不应再受旧分工和狭隘职业的限制，每个人都有按照自己的自主意识选择全面发展的条件的权利。换句话说，就是每一个人都可以根据自己的性格、兴趣、爱好、特长以及安全需要、生存需要、发展需要和享受需要等一切合理需要，自由地选择发展活动的领域。这不仅表现为人的实践活动在内容和形式上的多样性，更表现为人的需要和能力发展的全面性。除个人活动之外，人的思想道德素质、科学文化素质、身体健康素质、心理健康素质同样需要均衡协调发展，并且最终体现到个人能够满足社会上的某种需求，或个人在某一方面得到社会认同上，即个人价值的实现。另外，马克思主义人学理论还认为，人的全面发展不能仅仅表现为个人自觉能动性、主动创造性和自主性的全面提高和协调发展，也应该打破个性的单调化、模式化、定型化、同步化与标准化，不断增加和丰富个人的独特性，使个人特质、性格、能力更加完美，使社会充满生机与多元活力。

立德树人是一项思想政治工作，这一工作从根本上讲是做"人"的工作。对人的理解不同，工作的出发点和行为就有所不同。立德树人要求我们从思想水平、道德品质层面出发，培养德智体美劳全面发展、堪当民族复兴大任的时代新人。当前，部分思想政治工作存在偏重理想模式、观念滞后、线条单一等问题，不仅使受教育者陷入疲惫，也使思想政治工作陷入恶性循环。马克思主义人学理论对于人学理论的出发点、人的本质、人性以及人的自由而全面的发展的回答，及其关于关注人本身、重视实践活动、主张自由进步、强调全面发展的主张，给当今思想政治工作提供了理念思路、方法手段、内容形式等方面的基本原理和方向指引。因此，传承马克思主义人学理论思想，抓好马克思主义人学理论内涵，是推动思想政治教育工作长足发展的重要理论基础。

三、坚持全环境立德树人理念

党的十八大以来，中国特色社会主义进入新时代，高质量发展成为全面建设社会主义现代化国家的首要任务。与此相适应，加快建设高质量教育体系成为推动教育现代化的着力点。高质量发展内涵丰富，不仅从结果上追求高质量，而且在过程中注重做好各个环节的工作。习近平总书记指出："发展是第一要务，人才是第一资源。"高质量发展关键在人，人才的培养中要时刻渗透全环境立德树人理念。构建全环境立德树人体系是推动高质量教育体系建设的关键内容和必要手段。全环境立德树人，即构建"时时、处处、人人"的育人体系，最终形成多方参与、联动配合的育人工作格局。

（一）"时时"育人

"时时"育人即全过程育人，强调的是育人的时间因素。从微观层面讲，就是指从学生入学到毕业，从学期开始到结束，从双休日、节假日到寒暑假，学校都要精心安排，将育人贯穿始终。从宏观层面讲，就是要尊重教书育人规律、学生成长规律及思想政治教育工作规律，把握幼儿园、小学、中学阶段学生的不同需求，坚持普遍要求与分类指导相结合，开展立德树人工作。

幼儿园、小学、中学主要涵盖幼儿、儿童和青少年三个阶段。其中，幼儿、儿童阶段是人生的萌芽抽穗期，是一个人道德品质初步形成的基础阶段；青少年阶段是人生的拔节孕穗期，最需要教师等教育主体对其进行精心引导与栽培。因此，幼儿园、小学、中学全环境立德树人思想政治教育的主要任务，一是对学生进行思想道德品质的养成教育，为学生养成良好的道德习惯和道德意志打好坚实基础；二是引导学生树立正确的世界观、人生观和价值观，不断坚定中国特色社会主义道路自信、制度自信、理论自信和文化自信。

幼儿园适龄幼儿一般为 3 岁至 6 岁，这是学生成长的基础阶段。结合该阶段年龄特点，幼儿园主要任务是解除家庭在培养儿童时所受的约束，让幼儿身体、智力和心情得以健康全面发展。幼儿园开展思想政治教育，应尊重幼儿身心发展的规律和学习特点，创造自由、宽松的语言交流环境，开展丰富多彩的文娱体育活动，教育儿童爱护他人与公共物品，利用读书、绘画等方式学习优秀传统文化，为幼儿提供健康、丰富的生活和活动环境，满足他们多方面发展的需要，让每个幼儿都乐意与人交谈合作，言谈举止讲究礼貌；让每个幼儿都有意愿参与和尝试各种活动，敢思敢想；让每个幼儿都具有初步社会责任感，爱国爱家；让每个幼儿都对中华优秀传统文化充满兴趣，自豪自信。

小学适龄儿童一般为 6 岁至 12 岁，这是学生发展的孕育阶段。这一阶段培养目标是让学生初步具有爱祖国、爱人民、爱劳动、爱科学、爱社会主义的思想感情；具有社会公德意识、集体意识和养成文明行为习惯；具备良好的意志、品格和活泼开朗的性格；具备自我管理能力与分辨是非的能力。小学要将德育工作摆在首要位置，重视思政课质量，发挥课堂主渠道作用，以最大限度地帮助学生初步形成良好的思想品质与道德素养。在完善各类文化课程设置，丰富知识教育内容，创新教育教学形式的基础上，小学应该加强对学生的劳动教育、体育教育和美术教育，让学生在劳动中培养爱劳动、爱劳动人民、珍惜劳动成果的思想，在体育锻炼中享受乐趣、增强体质、健全人格、锤炼意志，在审美教育中陶冶情操、温润心灵、提升审美。

中学阶段包括初级中学与高级中学，适龄学生一般为 12 岁至 18 岁，这是健全学生人格、提升学生品格的关键阶段。这一阶段的中心任务是发展学生核心素养，提高学生综合素质，促使学生全面而有个性地发展。学校必须坚持德智体美劳全面培养的教育原则，在强调文化知识教育的同时，不断深化改革，根据"突出问题导向，完善评价内容，改进评价方式，推动深化普通高中课程改革和高考综合改革，着力克服'唯分数、唯升学'倾向"的要求，注重开展科学技术课、历史文化拓展课、劳动体验课、素质拓展课等多领域课程，组织开展各种类型的规划讲座、心理健康教育沙龙等，引导学生持续提高自身综合素质，扭转重知识、轻素质的倾向，培养学生适应终身发展和社会发展需要的正确价值观、必备品格和关键能力。

总之，各级教育部门和各类学校应当正确把握不同阶段学生成长规律与育人要求，统筹谋划，因龄施教、因材施教，通过多种方法途径，运用多种理念思路，展现多种内容形式，不断提高立德树人工作的精细化、科学化水平，增强时效性，营造"时时"育人的良好环境。

（二）"处处"育人

"处处"育人即全方位育人，强调育人的空间因素和不同的育人载体。在全环境立德树人根本任务理念之下，育人不仅要牢牢抓住学校这个主阵地，更要着力打造校外的不同育人载体。具体而言，在关注课堂教学效果的同时，更要创新工作方法，建立课上课下、线上线下、校内校外的多位连接，着力在课堂教学、社会实践、文化活动、网络活动等诸多方面加强学生思想政治教育。

课堂是开展立德树人工作的主渠道。在课堂教学中，要以学生家国情怀的培养、道德素质的发展为主要目标。学校应当不断完善学科教学设置，充分挖掘所授学科中的思想政治教育元素，将其作为学案必要的组成部分、课堂讲授的重点知识、考察学生的关键内容，以实现思想政治教育与知识体系教育的有机统一。学校还要注意拓展课堂，即以学科知识为基础，结合思想政治教育目标，组织开展课前演讲、课堂情景剧等活动，通过亲身参与加强学生体验感。各学科教师在课程育人中具有主体地位，是进行思想政治教育的骨干力量，学校应当把立德树人实效作为教学督导、教师绩效考核、职务职级晋升的重要方面，这是有效推进课堂育人工作落到实处的可靠手段。

在社会实践中，要鼓励学生走进社会、了解社会、服务社会，形成正确的劳动观念，培养忠于祖国、乐于奉献的精神。实践活动是开展思想政治教育的重要环节，对于锻炼学生毅力、培养学生品格、增强学生社会责任感具有不可替代的作用。学校要主动对接社会优质单位，拓展实践平台，整合实践资源，建立多种形式的中小学生研学基地、训练营地、劳动基地，定期组织学生开展校外实践活动，让学生积极参与、出力流汗。

学校也要用好爱国主义教育基地、国防教育基地等，聚焦重大纪念活动、重大历史事件，发挥传统节日和现代节日的涵育功能，依托自然人文景观和重大工程，组织开展丰富多彩、积极健康、富有价值、符合学生特点的主题实践活动，培养学生家国情怀。志愿服务是实践活动的重要形式，根据各学段不同特点，高中学校可以结合学生参与社会实践的具体表现对志愿者进行星级认证，义务教育阶段的学校可以在校内建立志愿服务岗，引导学生从身边事做起，形成奉献社会的道德风尚，在志愿服务中实现育人目的。

在文化活动中，要引导学生坚定中国特色社会主义文化自信，增强文化自豪感，培养健康审美。优秀文化是浸润学生道德的环境要素，学校要注重以文化人、以文育人，积极推进中华优秀传统文化教育，充分利用校园展板、校园广播、校园报刊、楼道文化墙、饭桌贴画、班级黑板报等，广泛展示"中华经典诵读讲写""师生共选共勉中华经典座右铭""礼敬中华优秀传统文化"等活动的优秀成果。校园环境是文化育人的重要部分，学校要积极建设美丽校园，加强校园绿化，加强人文建设，规范教室国旗、警句等摆放设置，努力创建"文明校园"，陶冶学生高尚情操。学校要建设积极向上、格调高雅的校园文化，创新校园文化品牌，深入挖掘校史、校风、校训、校歌的教育作用，滋养学生心灵，涵育学生品行，引领社会文明新风尚。校外文化活动的作用也不可小觑，要引导学生积极接触和体会艺术文化、体育文化、民族文化成果，引导学生主动走近高雅艺术、民族民间优秀文化。

在网络活动中，要引导学生增强网络安全意识，遵守网络行为规范，养成文明网络行为。学生是互联网用户中的重要群体，互联网也日益成为学生学习生活的重要空间。网络能拓宽学生视野，发展学生个性，也能弱化学生道德意识，淡化学生人格，因此，加强网络教育，拓宽思想政治工作渠道势在必行。要对学生进行网络素质教育，宣传文明用网知识，培育素质优良的好网民。要加强用网管网能力，密切关注网上动态，了解学生所思所想，对于消极情绪进行及时引导，对于困难问题进行及时沟通交流。

总而言之，充分利用全环境立德树人中的"处处"育人环境，通过课堂教学、课外活动、校外实践、网络线上平台，将思想政治教育融入学生学习生活的各方面各环节，将会对提高学生思想水平、政治觉悟、道德品质、文化素养产生持续性的潜移默化的影响。

（三）"人人"育人

"人人"育人即全员育人，强调的是育人主体的多样性。

习近平总书记指出，办好教育事业，家庭、学校、政府、社会都有责任。坚持全环境立德树人理念，必须坚持以学校教育为主体、家庭教育为基础、社会教育为延伸，多方力量齐抓共管，形成育人合力，打造"人人"参与的立德树人环境。

首先，要坚持和强化学校在全环境立德树人中的主体责任。育人的发力点在教师、关键点在教师，最终的希望点也在教师。学校作为开展教育活动的主阵地，教师作为从事育人活动的主体，承担着培养全面发展、堪当民族复兴大任的时代新人的重要使命。学校和教师既是推动德智体美劳五育融合的"领头羊"，又是构建全环境育人体系的主力军。因此，广大教师要继承传统、改革创新，以自身职业素养和职业能力的提升带动学校建设，引领全环境育人机制建设，充分发挥主导作用。

深化课堂教学改革是学校完善育人机制的首要任务。要大力推动以"课程思政"为目标的课堂教学改革，优化课程设置，修订学科教材，完善教学设计，加强教学管理。同时，各阶段的学校要落实分学段、学科课堂教学指南，推进"达标课堂"建设，着力培养学生必备的道德品格和关键能力，将育人目标落实情况作为课堂教学质量达标与否的重要标准。

促进心理健康教育改革是学校完善育人机制的必要组成。一方面，学校要坚持"育德"与"育心"相结合，加强中小学心理健康教育课程开发与建设，通过案例教学、体验活动、行为训练、心理情景剧等，深入推进心理健康知识教育，加强生命教育、挫折教育。另一方面，各中小学要面向所有学生建立心理档案，利用心理健康测评表定期对学生心理健康问题进行筛查，做好对心理健康问题学生的跟踪服务，加强人文关怀与心理疏导。另外，学校相关机构也要建立健全校园欺凌防治机制，注重做好不同季节、特殊时期的心理危机预防与干预工作，定期组织专业人员与教职工开展案例督导和个案研讨，提高心理健康问题应对工作水平。

加强评价体系改革是学校完善育人机制的重要保障。各阶段学校应当结合幼儿园分类认定、义务教育质量评估、特色高中建设和普通高中星级创建标准，积极建立学校教育质量评价有效机制。一方面，要强化教职工队伍考核评价体系，把立德树人成效作为首要标准，增大师德师风、以德育人在招聘引进、职称评聘、岗位聘用、评优奖励和教育评价中的比重，加大"最美教师""最美职工"推选宣传力度。各阶段学校要坚持教育减压与教育提质相结合的原则，建立完善全省义务教育质量监测制度、课业负担监测制度，充分发挥监测结果的诊断反馈作用。另一方面，要健全学生综合素质评价体系，如实记录学生的日常表现、学习成绩、创新能力以及参加社会实践、研学旅行、志愿服务等情况，定期开展"新时代好少年""美德少年"等选树宣传活动，表扬嘉许无私奉献、德行优良的学生，激发学生热爱祖国、服务社会的热情。

其次，要夯实和巩固家庭在全环境立德树人中的基础作用。苏联教育家苏霍姆林斯基曾说："教育的效果取决于学校和家庭的一致性，如果没有这种一致性，那么学校的教学和教育过程就会像纸做的房子一样塌下来。"家庭是孩子接受教育的第一场所，父母是孩子的第一任老师，给孩子讲好"人生第一课"，帮助孩子扣好人生第一粒扣子，是家庭教育的重要责任，也是学校教育的重要补充。构建家校协同育人机制，对打造人人参与的立德树人环境具有重要作用。

众人拾柴火焰高，让家长参与教学主题研究，是明确育人思路、完善育人措施的重要基石。教学主题研究是在学生成长过程中，针对他们在不同年龄、不同阶段所表现出来的具有一定普遍性、共通性和倾向性的问题，确定教学内容、教学形式与教学目标的一种科学研究活动。学校作为教学主题研究的主体在其中发挥着关键作用。一方面，学校在根据学生成长中的共性问题进行主题筹谋时，要引导家长结合学生特点和需求，针对学校制定的方案提出意见与建议。学校要在此基础上，认真总结情况，梳理问题，深度思考问题产生的原因，仔细推敲问题解决过程中的"痛点"和"堵点"，总结研究过程中的"亮点"和"优势"。另一方面，学校要引导家长积极参与，站在促进学生全面发展的高度，本着相互理解、相互支持和求同存异等原则，开诚布公，广泛深入地就学生成长与教育教学中的问题进行研究，并就后续此类问题的解决共同列出相应的问题清单，提出问题解决建议以供参考，不断增强协同育人的科学性、针对性、实效性。

家庭育人是全环境立德育人的关键一环，切实提高家庭教育能力水平，是推动育人工作提质升级的重要基础。家校培训是提高家庭教育水平的主渠道。学校首先要通过"引进来"和"走出去"的方式，一方面要加强学校教职工的业务培训，让学校教职工成为"政策明""业务精""方法新"的家庭教育指导员；另一方面要定期邀请经验丰富的教师以及家庭教育专家指导团队到校，对家长进行教育教学培训和指导。另外，要充分利用新媒体新技术，引导家长通过学校和相关部门推荐的家庭教育网络平台，自觉学习家庭教育知识和方法，提升家长的家庭教育能力。

过程共管是发挥家庭教育功能的必要条件，号召家长全过程全方位参与教育教学，是打造家校协同育人机制的基本。全过程全方位参与，是指在打造家校协同育人共同体的过程中，学校、家长依据不同的角色定位，通过科学、合理的分工合作，运用恰当、适切的方法，对教育过程进行全方位、立体式的管理和调控，完成预期的育人目标和任务。学校在完善家庭教育指导政策措施的基础之上，应充分发挥其参与者、同盟军作用。

一方面，学校要主动联系家长，及时、准确地了解学生的情况，全面积极地与家长沟通学生在校期间的思想状态、学业状况、行为表现和身心发展情况等。同时，学校也要积极落实家长会、学校开放日、家长接待日等活动，并围绕"完善教师全员家访制度，实现中小学家访全覆盖"这一任务，建立定期家访和日常家长联系制度。另一方面，家长要充分发挥主观能动性，积极与孩子沟通交流，消解困惑，要引导孩子进行社会体验，通过文明实践、研学旅行、公益活动等方式帮助孩子更好地亲近自然、开阔眼界、增长见识，促进孩子心理健康素养与科学文化素养协同发展。

最后，要拓展和整合社会在全环境立德树人中的平台资源作用。过去大家普遍认为，学校是承载育人任务的主阵地，社会只负责挑选、接受学校教育"产品"，至于学生的培养，是学校的责任。实际上，社会拥有更丰富的优质资源，拥有更多样的育人载体，整合社会力量是践行立德树人根本任务的必要补充和重要服务保障。

在扎实推动实践育人过程中，社区可以面向中小学生积极开展各种公益性课外实践活动，促进学生身心健康发展，增强社会责任感。学校也要积极整合实践资源，拓展实践平台，依托高新技术开发区、城市社区、农村乡镇、爱国主义教育基地、国防教育基地、美术馆、科技园、博物馆、名人故居等资源，通过实地参观、研学体验、组织志愿讲解小队等途径，教育引导学生在亲身参与中增强实践能力、树立家国情怀。

在统筹推进家校协同育人过程中，各社会组织机构可以将家庭教育指导作为城乡社区公共服务的重要内容，积极构建普惠性家庭教育公共服务体系。各街道充分发挥在社会管理服务中的基层作用，加强家庭教育服务点的建设和社区联结学校的工作人员培训，利用附近资源，切实打造教育实践基地。另外，社区要积极深入学校和家庭，了解学生健康成长的实际需求，每年定期开展公益性家庭教育宣传与指导服务活动。

在着力加强文化育人过程中，学校可以依靠网络技术队伍，着力打造集思想性、知识性、趣味性、服务性于一体的主题教育网站、网页，开展为学生喜闻乐见的先进网络文化活动，鼓励学生创作网络文化作品，弘扬主旋律，传播正能量，形成线上线下文化教育合力，构建有利于青少年健康成长的网络生态，净化社会育人环境。社区可以利用公共休闲区、文化墙、公放投屏等载体，结合各阶段学生认知能力与发展规律，以讲述优秀传统典故、介绍古典名言、播放纪录片与采访视频等方式，宣传爱国守法、明礼诚信、团结友善、勤俭自强、无私奉献的精神，引导学生在汲取中华优秀传统文化营养的过程中，培养爱国情怀与奋斗精神。

教育过程中多方主体责任的缺失，容易使立德树人这一根本任务陷入单一条线的老套子，影响学生人格的完善与全面发展。在育人过程中，学校充分主导、家庭扎实奠基、社会积极支持，打造协同育人体系，形成优势互补、齐抓共管的新机制和新格局，不仅对于学校教育主阵地作用的进一步强化，家庭教育主体责任的进一步落实，社会育人资源利用的进一步优化具有积极作用，而且有利于促进家校社各展优势、密切配合、相互支持，切实增强育人合力。

总而言之，立德树人根本任务的实现，学生思想道德素质的提高，健全人格的养成，并非一时之功、一地之力、一人之责。要实现培育全面发展、德才兼备的时代新人的目标，必须坚持全环境立德树人理念，推动学校教育培养模式、管理服务体制、协同育人体系、支撑保障机制改革，把教学力量、思政力量、管理力量、服务力量压到学生中间，打造富有中国特色、体现思政要求、贴近学生实际的"时时、处处、人人"的全环境立德树人育人体系。

第三章

立德树人根本任务的发展探寻

中国共产党在长期的实践中确立了立德树人的优良传统。尤其是在新中国成立后，我们党从中国共产党的初心使命与根本宗旨、社会主义国家性质和教育目标、社会主义后继有人与国家长治久安的战略高度出发，把立德树人置于教育之根本任务的重要位置。立什么德、树什么人，在不同历史时期有不同的具体内容和表述，但其内里都是一致的，那就是全面贯彻党的教育方针，深刻回答"培养什么人、怎样培养人、为谁培养人"这一根本性问题。回顾我们党在不同时期关于立德树人的论述和实践，既是对马克思主义教育思想的继承与发展，也为新时代立德树人提供了科学的理论基础和思想资源。

一、新民主主义革命时期关于立德树人的阐释

从 1921 年 7 月中国共产党诞生到 1949 年 10 月中华人民共和国成立，是中国共产党带领中国人民实现民族独立和人民解放的历史时期。这一时期，中国共产党的教育方针始终与中国革命的实际紧密地联系在一起，立德树人工作主要着眼于为中

国革命事业的发展培养具有科学的指导思想、正确的政治立场、严明的组织纪律性和坚定的革命意志的高等政治、经济、军事人才。

（一）明确造就一支革命的先锋队的教育目标

这一时期，马克思主义在中国的传播为中国共产党的建设与发展奠定了基础，同时也成为党开展人才培养工作的重要内容。党在革命根据地创办学校教育的过程中，要求广大师生要以马克思主义理论为指导，着力研究并解决中国革命的实际问题。教育实践中坚持把马克思主义理论与形势政策教育、理想信念教育、人生观教育以及组织纪律教育相结合，从而有效解决了广大青年学生的思想之需，鼓励和引导青年学生在成长的过程中，能够以科学理论为指导探索人生发展的道路和社会进步的方向，进而从思想深处升华自身的思想觉悟，激发投身革命的热情，不断坚定无产阶级革命信念。以毛泽东同志为主要代表的中国共产党人，根据革命斗争实践的需要，创办了包括抗日军政大学、陕北公学、延安自然科学院、鲁迅艺术学院、中共中央党校、延安大学、西北人民革命大学等在内的高等教育学校，以培养适应革命需要的人才。1937 年 10 月，毛泽东同志在陕北公学纪念鲁迅逝世一周年大会上指出："今天我们陕北公学主要的任务是培养抗日先锋队的任务。""这种先锋分子是胸怀坦白的，忠诚的，积极的与正直的；他们是不谋私利的，唯一地为着民族与社会的解放；他们不怕困难，在困难面前总是坚定的，勇往直前；他们不是狂妄分子，不是风头主义者，而是脚踏实地富于实际精神的人们。他们在革命的道路上起着向导的作用。""我们现在需要造就一大批为民族解放而斗争到底的先锋队。"[①] 这表明，当时的教育目的就是要锻造一支革命的先锋队。

（二）强调一切文教工作要服从革命战争的需要

无论是利用国共合作的契机，对黄埔陆军军官学校等进步学员进行积极的思想政治工作，还是在根据地创办的多所新型学校中开展政治教育与军事教育，有计划地组织学生参与土地改革、群众运动以及生产劳动等革命实践，都确保了党的政策与方针能够得到有效落实。同时，在国民党统治区通过宣传党的革命主张、揭露国民党的反动面目、帝国主义的侵略行径，激发了青年学生投身革命的思想觉悟和勇气斗志，实现了推动革命事业不断向前的目标。这一时期，制定了"教育为革命战

---

① 毛泽东文集（第 2 卷）[M]. 北京：人民出版社,1993:42.

争服务、与劳动相结合"的苏维埃文化教育总方针。在 1934 年召开的第二次全国苏维埃代表大会上，毛泽东同志明确指出："苏维埃文化教育的总方针在于以共产主义的精神来教育广大的劳苦民众，在于使文化教育为革命战争与阶级斗争服务，在于使教育与劳动联系起来，在于使广大中国民众都成为享受文明幸福的人。"[①] 以此为基础，我们党在新民主主义革命时期始终秉持"坚持正确的政治方向"[②] 的教育理念，在具体的革命教育实践中，始终以实现人民解放和民族独立为根本使命。

（三）突出革命理论和革命道德教育

这一时期，我们党将传统的爱国主义同马克思主义伦理精神相结合，形成了与革命斗争实践相结合的革命道德，成为组织学生和团结学生的强烈精神感召。这个时期，党的教育方针主要是坚持无产阶级教育的反帝反封建方向，突出革命理论和革命道德的内涵，体现革命实践的现实需要。在苏维埃文化教育总方针的指导下，"立德树人"教育的内容主要由"理论教育、政治教育、道德教育和文化教育构成"[③]。

---

① 毛泽东 . 苏维埃区域的文化教育 [M]. 北京 : 中央文献出版社 ,2002:9.
② 毛泽东文集 (第 2 卷)[M]. 北京 : 人民出版社 ,1993:188.
③ 尤玉军 . 论中国共产党人关于立德树人思想的历史演进 [J]. 新疆大学学报 (哲学·人文社会科学版),2015(1):28.

第一，在理论教育和政治教育方面，强调马克思主义阶级革命教育的思想。无产阶级教育是一种重要的阶级斗争工具。这一时期，我们党坚持马列主义教育思想，在教育中始终强调要"用无产主义的文化教育，做斗争的工具，同时用斗争，做文化教育的工具，斗争和教育，绝对不可分离"[1]。

第二，在道德教育方面，强调无产阶级的道德。无产阶级的道德与封建主义的道德和资产阶级道德相比，无疑具有更加鲜明的革命性。因此，我们党在教育实践中尤为注重加强革命道德教育。

第三，在文化教育方面，强调文化教育与生产劳动相结合。这一时期，教育体系注重在强调文化知识和精神品质教育的前提下，注意"设立劳动技术、农业知识等方面的课程，一些学校有自己的农场和菜地，要求在校的学生都要参加劳动，以培养学生的动手能力和劳动技能"[2]。这样的教育方式，在一定程度上实现了学生理论认知和实践能力的统一，培养了学生的知识技能和劳动美德。

---

[1] 江西省教育学会. 苏区教育资料选编 [M]. 南昌：江西人民出版社,1981:95-96.
[2] 易凤林. 革命文化制度探索：中国苏区教育研究 [M]. 南昌：江西人民出版社,2014:52.

二、社会主义革命和建设时期关于立德树人的阐释

这一时期的立德树人，坚持把政治方向放在教育目标和人才培养的首位，培养又红又专、德才兼备的人才成为时代主题。在具体的培养内容上，坚持着力肃清封建主义、帝国主义和官僚资本主义思想的影响，围绕巩固人民政权、实施社会主义改造、全面开展社会主义建设等任务展开，并对学生进行了深入的马克思列宁主义、毛泽东思想教育，提升了大学生的思想觉悟，激发了革命、建设国家的主人翁意识，认同、支持党和国家，形成了广泛的社会基础，产生了不竭的精神动力。

（一）培养有社会主义觉悟的有文化的劳动者

1956 年，社会主义改造基本完成，中国步入社会主义社会，开始了社会主义建设事业新征程。国家以及社会性质的改变，社会主要矛盾以及由此确立的国家发展战略的改变，对新中国确定教育方针和人才培养的根本属性、基本指向起着决定性的作用。1957 年，毛泽东同志提出："我们的教育方针，应该使受教育者在德育、智育、体育几方面都得到发展，成为有社会主义觉悟的有文化的劳动者。要提倡勤俭建国。要使全体

青年们懂得，我们的国家现在还是一个很穷的国家，并且不可能在短时间内根本改变这种状态，全靠青年和全体人民在几十年时间内，团结奋斗，用自己的双手创造出一个富强的国家。社会主义制度的建立给我们开辟了一条到达理想境界的道路，而理想境界的实现还要靠我们的辛勤劳动。"[①] 这里所说的"德育"，就是指通过思想政治教育和道德教育提高全体劳动者的共产主义道德水平，提高其共产主义道德素养，使其成为"高尚的人、纯粹的人、有道德的人、脱离了低级趣味的人和有益于人民的人"[②]。这一论述表明，在全面建设社会主义这一历史任务的需要下，党对人才的培养的标准集中体现为德、智、体、劳几个方面的内涵，丰富了人才培养的标准和实践指向。这一表述和思想，成为新中国成立后教育方针发展演变的基本遵循。

（二）关注人的全面发展问题

社会主义建设时期的教育，相较于革命时期突出人才培养的革命性理念，开始在我们党新的政策方针指引下，更加重视人的德、智、体、劳诸育相结合，更加关注人的全面发展。

---

① 毛泽东文集（第 7 卷）[M]. 北京：人民出版社,1999:226.
② 毛泽东选集（第 2 卷）[M]. 北京：人民出版社,1991:660.

1958 年 8 月，毛泽东同志在《教育与劳动结合的原则是不可移易的》一文中强调："我们所主张的全面发展，是要使学生得到比较完全的和比较广博的知识，发展健全的身体，发展共产主义的道德。"[①] 毛泽东同志认为，应该对全体人民进行共产主义道德教育，如果人民群众具备了良好的道德品质和高尚的人格，那么则有利于在全社会形成良好的道德氛围，也对革命斗争以及社会主义建设大有裨益。1958 年 9 月 9 日，中共中央、国务院发出《关于教育工作的指示》，正式提出"教育为无产阶级的政治服务，教育与生产劳动相结合"的教育方针。这一时期的学校道德教育，以提高大学生的社会主义觉悟为核心，把教育和生产劳动相结合，重视道德教育的社会功能。毛泽东同志指出，共产主义道德教育要以人民群众的根本利益为出发点，以"全心全意为人民服务"[②] 为目的，引导青年接受共产主义道德思想，不断提升自身道德境界，最终成为共产主义社会的建设者和接班人。他提倡要以"爱祖国、爱人民、爱劳动，爱护公共财产为全体国民的公德"[③]，"要教育人民，不是为了个人，而是为了集体，为了后代，为了社会前

---

① 毛泽东文集（第 7 卷）[M]. 北京：人民出版社, 1999:399.
② 毛泽东选集（第 3 卷）[M]. 北京：人民出版社, 1991:1094.
③ 中共中央文献研究室. 毛泽东著作专题摘编（下）[M]. 北京：人民出版社, 2003:1495.

途而努力奋斗"①。

与此同时，针对在社会主义建设时期出现的思想政治工作有所减弱的现状，青年群体中由于对社会主义社会认识不足而滋生出的"不费力气享受现成的幸福生活"②等苗头性问题，毛泽东同志强调思想政治工作的重要性，"现在需要加强思想政治工作，……除了学习专业之外，在思想上要有所进步，政治上也要有所进步"③，明确了在德、智、体几个方面都应得到发展的思想和要求。这些论述，集中体现了我们党对于教育本质的不断探索和延展，是对马克思主义人的自由而全面发展思想的继承发展，是对党和国家教育发展方向的进一步明确。

（三）强调改进立德树人的方式方法

毛泽东同志不但强调对人民群众进行共产主义道德教育，而且摸索和总结出很多行之有效的方式方法。毛泽东同志在进行社会主义建设的时候，就强调要注意进行批评和自我批评，因为这是一个很好的办法，可以促进人们坚持真理，纠正错误。他提出要敢于对错误的、不合理的、违反了道德原则和规范的

---

① 中共中央文献研究室.毛泽东著作专题摘编（下）[M].北京:人民出版社,2003:1497.
② 毛泽东文集（第7卷）[M].北京:人民出版社,1999:226.
③ 毛泽东文集（第7卷）[M].北京:人民出版社,1999:226.

言行进行批评，要敢于和不良的事物和人作斗争，要本着"治病救人"的善意对他人予以批评；同时，对于来自他人的批评，也要抱着正确的态度虚心接受并勇于承认错误。"因为我们是为人民服务的，所以，我们如果有缺点，就不怕别人批评指出。不管是什么人，谁向我们指出都行。只要你说得对，我们就改正。你说的办法对人民有好处，我们就照你的办。"①

毛泽东同志指出共产主义道德教育离不开道德楷模和道德典型的选树，指出"开劳动英雄大会、劳动英雄与模范工作者大会、劳动英雄与战斗英雄大会，就是一种好的工作方法"②，提倡人们向鲁迅、白求恩、张思德、雷锋等学习，以形成共产主义思想，养成共产主义道德品质。面向青年开展共产主义道德教育，毛泽东同志指出尤其要注意方式方法，要采用科学的方式方法，不能以强制的方式实施，而是要多采用交流、讨论、说服等体现尊重与信任的方法，并号召青年"好好学习，天天向上"，鼓励青年积极向先进学习，向工农学习。这些思想对我们党开展并接续推进思想教育工作方法创新发挥着重要的引导作用。

---

① 毛泽东选集（第3卷）[M]. 北京：人民出版社,1991:1004.
② 中共中央文献研究室. 毛泽东著作专题摘编（下）[M]. 北京：人民出版社，2003:1488.

三、改革开放和社会主义现代化建设新时期关于立德树人的阐释

　　1977 年秋季恢复高考后，中国掀起一股新的教育变革浪潮。1978 年党的十一届三中全会的召开，开启了改革开放和社会主义现代化建设新时期。这一时期的立德树人，主要是根据形势发展的需要，紧密服务于推进改革开放、建设社会主义市场经济等，培养面向现代化、面向世界、面向未来的有理想有道德有文化有纪律的"四有"新人。

（一）"三个面向"指导下的"四有"新人培育

　　党的十一届三中全会以后，我们党坚定地终结了"以阶级斗争为纲"的口号，作出把工作重点转移到社会主义现代化建设上来的战略决策，从而使我们的社会发展进入了一个新的历史时期。在这一背景下，我国的教育方针也随之发生了转变。1978 年 4 月，全国第四次教育大会召开。这次大会，是"文化大革命"之后对教育工作进行的一次"拨乱反正"，我们党把提高教育素质，加强革命秩序和纪律，培养出一批有社会主义意识的新一代的人才，确定为新时期的教育政策和工作重点。

第一，在教育目标上，提出了"三个面向"和"四有"新人。邓小平同志指出："现在我们国家面临的一个严重问题，不是四个现代化的路线、方针对不对，而是缺少一大批实现这个路线、方针的人才。"①实施什么样的教育、培养什么样的人才成为关键问题。1983年9月，邓小平同志在北京景山学校成立20周年之际提出"教育要面向现代化、面向世界、面向未来"的"三个面向"，1985年3月，邓小平同志在全国科技工作会议上提出"教育全国人民做到有理想、有道德、有文化、有纪律"的"四有"新人，从而明确了新时期教育的发展方向和具体要求。1985年5月召开的改革开放后第一次全国教育工作会议，围绕教育体制改革展开，将"三个面向"和"四有新人"作为教育体制改革的指导方针和基本目标写入会议文件，并且明确提出"教育体制改革的根本目的是提高民族素质，多出人才，出好人才"②。至此，在"三个面向"的宏观战略指导下，培养社会主义"四有新人"成为新时期立德树人的主要任务。

第二，在教育内容上，提出要加强革命的理想和共产主义的品德培养。"四人帮"不仅对教育事业造成了严重的破坏，

---

① 邓小平文选（第2卷）[M]. 北京：人民出版社,1994:220.
② 中共中央文献研究室. 改革开放三十年重要文献选编（上）[M]. 北京：中央文献出版社,2008:381.

而且"严重损害了学校的思想政治教育，败坏了学校的纪律，腐蚀了社会主义社会的革命风气"①。由此，邓小平同志提出在思想政治教育中，"要大力加强革命秩序和革命纪律，造就具有社会主义觉悟的一代新人，促进整个社会风气的革命化"②。同时，此阶段还重视共产主义的品德培养。1981 年，全国总工会、团中央等九个部门联合倡议在全国人民、特别是青少年中开展以"讲文明、讲礼貌、讲卫生、讲秩序、讲道德"和"语言美、心灵美、行为美、环境美"为主要内容的"五讲""四美"文明礼貌活动。

第三，在教育原则上，强调培养又红又专的"四有"新人既要坚持正确的政治方向，又要突出学习科学文化的重要性。

（二）培养德智体美等全面发展的社会主义事业建设者和接班人

党的十三届四中全会以后，以江泽民同志为主要代表的中国共产党人立足中国特色社会主义经济发展的历史使命和特点，高度关注人的素质发展，提出了"科教兴国"的战略，为党的立德树人思想作出了新的理论贡献。1992 年 10 月，党的十四大

---

① 邓小平文选（第 2 卷）[M]. 北京：人民出版社,1994:105.
② 邓小平文选（第 2 卷）[M]. 北京：人民出版社,1994:105.

确立了社会主义市场经济体制，进一步加快了改革开放和社会主义现代化建设的步伐，加上东欧剧变和苏联解体等的影响，我国教育事业面临着新的挑战和要求。1993 年 2 月，党中央和国务院印发《中国教育改革和发展纲要》，提出"教育必须为社会主义现代化建设服务，必须与生产劳动相结合，培养德、智、体全面发展的建设者和接班人"[①]的教育方针，绘制了世纪之交教育改革和发展的蓝图。1999 年 6 月召开的全国教育工作会议在"四有新人"的基础上，进一步提出实施"素质教育"，使培养"德育、智育、体育、美育等全面发展的社会主义事业建设者和接班人"[②]成为这一时期立德树人的主要内容。

第一，拓展了人的全面发展的实践向度和理论深度。这一时期，党中央明确提出跨世纪的人才培养目标在于"努力造就'有理想、有道德、有文化、有纪律'的德育、智育、体育、美育等全面发展的社会主义事业建设者和接班人"。江泽民同志指出："教育是一个系统工程，要不断提高教育质量和教育水平，不仅要加强对学生的文化知识教育，而且要切实加强对学生的思想政治教育、品德教育、纪律教育、法制教育。"[③]

第二，提出"德育为首"的立德树人的理念。面对经济全

---

① 中共中央文献研究室.十四大以来重要文献选编（上）[M].北京：人民出版社,1996:77.
② 江泽民文选（第 2 卷）[M].北京：人民出版社,2006:332.
③ 江泽民.关于教育问题的谈话 [N].人民日报,2000-03-01(01).

球化、政治多极化、社会信息化的发展态势，党中央还明确提出了要依法治国和以德治国相结合的战略。在这一战略的指引下，根据当时我国学校教育普遍存在的注重应试教育忽视素质教育，注重智育轻视德育的现状，提出我国各级各类教育都要坚持"德育首位"的立德树人的教育理念。在教育内容的设置上要注重增强学生抵制资本主义自由化和一切剥削腐朽思想的能力。

第三，提倡教育与社会实践相结合。"教育与社会实践相结合"是继承和发展"教育与生产劳动相结合"的方针，更符合时代要求。纠正一段时期以来的存在侧重智育，忽视了德育、劳动教育、美育等失误。1995年颁布的《中华人民共和国教育法》就明确规定了我国的教育目标是："教育必须为社会主义现代化建设服务，必须与生产劳动相结合，培养德、智、体等方面全面发展的社会主义事业的建设者和接班人。"这一目标进一步明确了"教育与社会实践相结合"原则，对我国教育发展产生了重大而深远的影响。

（三）育人为本、德育为先

进入21世纪，随着世界科学技术的迅猛发展，同时我国改革开放过程中各种深层次的矛盾逐步显露出来，教育和人才在国家发展中的重要性和紧迫性日益凸显。党的十六大以后，以胡锦涛同志为主要代表的中国共产党人对新时期的教育工作所面临的机遇和挑战作出科学的判断，继科教兴国战略之后，提出了人才强国战略，提出加强和改进学生思想政治工作，"坚持学校教育、育人为本，德智体美、德育为先"的教育方针，努力培养中国特色社会主义事业的合格建设者和可靠接班人。这不仅提出了新世纪教育的目标，也突出了德育在教育中的重要地位。

第一，提出了"培养什么人、怎样培养人"的重大命题。胡锦涛同志立足国内外形势的机遇与挑战，从发展中国特色社会主义事业的现实要求，提出了"培养什么人、如何培养人，是我国社会主义教育事业发展中必须解决好的根本问题。正确认识和切实解决好这个问题，事关党和国家的长治久安，事关中华民族的前途命运"[1]。表明面对新世纪新阶段国内外经济社会发展对人才的要求，教育战线"要坚持育人为本、德育为先，把立德树人作为教育的根本任务，努力培养德智体美全面发展的社会主义建设者和接班人"[2]的目标。

第二，首次将立德树人确立为教育的根本任务。党的十八大首次在我们党历史上将立德树人确立为教育的根本任务。胡

---

[1] 十六大以来重要文献选编（中）[M]. 北京：中央文献出版社,2006:632.
[2] 胡锦涛. 办好让人民群众满意的教育 [N]. 人民日报,2006-08-30(01).

锦涛同志在党的十八大的报告中指出："把立德树人作为教育的根本任务，培养德智体美全面发展的社会主义建设者和接班人"，强调"努力办好人民满意的教育"[①]。

第三，强调立德树人中"德"的主要内容是"与社会主义市场经济相适应、与社会主义法律规范相协调、与中华民族传统美德相承接"[②]的社会主义核心价值体系。尤其是社会主义核心价值体系中的社会主义荣辱观，以明确的"八荣八耻"指明了公民基本道德规范的内容，使公民道德更加直观和形象，为公民践行社会主义道德提供了基本遵循。围绕"培养中国特色社会主义事业的合格建设者和可靠接班人"的目标，全党全国积极行动起来，在教育的各个阶段实施有针对性的改革，进一步推动学前教育的基本普及、义务教育的均衡发展、高中阶段教育的加快普及、高等教育结构的优化以及世界一流大学和高水平大学的创建，从而为中国特色社会主义事业发展提供人才支撑。

---

① 中共中央文献研究室 . 十八大以来重要文献选编（上）[M]. 北京：中央文献出版社 ,2014:27.
② 中共中央文献研究室 . 改革开放三十年重要文献选编（下）[M]. 北京：中央文献出版社 ,2008:30.

四、中国特色社会主义新时代关于立德树人的阐释

中国特色社会主义进入新时代，中华民族迎来了从站起来、富起来到强起来的伟大飞跃，迎来了全面建成小康社会、建设富强民主文明和谐美丽的社会主义现代化强国、实现中华民族伟大复兴中国梦的光明前景。以习近平同志为主要代表的中国共产党人，高度重视全面发展的社会主义建设者和接班人的培养，坚持把立德树人作为教育的根本任务，深刻回答了"培养什么人、怎样培养人、为谁培养人"这一根本问题，为新时代人才培养工作提供了根本遵循。

（一）立德树人必须以马克思主义为指导

新时代，立德树人就是要着力培养担当民族复兴大任的时代新人。立德树人首先要坚持以马克思主义为指导，坚持社会主义办学方向，而坚持和加强党的领导是立德树人的核心动力和根本保障。思想政治工作要推进马克思主义理论教育，遵循思想政治工作规律和学生成长规律，满足人民群众对教育的期待，教育引导学生更好运用马克思主义观察时代、解读时代、引领时代，真正搞懂面临的时代课题，深刻把握世界历史的脉

络和走向。教育就是要培养中国特色社会主义事业的建设者和接班人，而不是旁观者和反对派。要坚持社会主义办学方向，要扎根中国大地办教育，必须坚持和加强党对教育事业的领导。习近平总书记指出："我国有独特的历史、独特的文化、独特的国情，决定了我国必须走自己的高等教育发展道路，扎实办好中国特色社会主义高校。"[①]对于高校党的建设，习近平总书记高度重视，指出："高校肩负着学习研究宣传马克思主义、培养中国特色社会主义事业建设者和接班人的重大任务。加强党对高校的领导，加强和改进高校党的建设，是办好中国特色社会主义大学的根本保证。"[②]

（二）理想信念是立德树人的灵魂

党的十八大以来，习近平总书记多次在讲话中强调深入开展理想信念教育、中国梦宣传教育、弘扬中国精神、积极培育和践行社会主义核心价值观等重大理论现实命题。在全国教育大会、高校思想政治工作会议、学校思想政治理论课教师座谈会等会议上的讲话中，无不体现出习近平总书记关于立德树人

[①] 把思想政治工作贯穿教育教学全过程 开创我国高等教育事业发展新局面 [N]. 人民日报,2016-12-09(01).
[②] 坚持立德树人思想引领 加强改进高校党建工作 [N]. 人民日报,2014-12-30(01).

根本任务的深邃思考和生动实践。习近平总书记强调："人才培养一定是育人和育才相统一的过程，而育人是本。人无德不立，育人的根本在于立德。这是人才培养的辩证法。"① "理想指引人生方向，信念决定事业成败。没有理想信念，就会导致精神上'缺钙'。"② "希望学校继承光荣传统，传承各民族优秀文化，承担好立德树人、教书育人的神圣职责，着力培养造就中国特色社会主义事业合格建设者和接班人。"③

一个人的理想志愿只有同国家的前途、民族的命运相结合才有价值，一个人的信念追求只有同社会的需要和人民的利益相一致才有意义。"新时代中国青年要树立对马克思主义的信仰、对中国特色社会主义的信念、对中华民族伟大复兴中国梦的信心，到人民群众中去，到新时代新天地中去，让理想信念在创业奋斗中升华，让青春在创新创造中闪光。"④

习近平总书记还非常重视发挥文化建设对理想信念教育的作用，强调"人民有信仰，国家有力量，民族有希望。要提高人民思想觉悟、道德水准、文明素养，提高全社会文明程度。广泛开展理想信念教育，深化中国特色社会主义和中国梦宣传

---

① 习近平 . 在北京大学师生座谈会上的讲话 [N]. 人民日报 ,2018-05-03（01）.
② 习近平 . 在同各界优秀青年代表座谈时的讲话 [N]. 人民日报 ,2013-05-05(02).
③ 习近平 . 给中央民族大学附属中学全校学生的回信 [N]. 人民日报 ,2013-10-07(01).
④ 习近平 . 在纪念五四运动 100 周年大会上的讲话 [N]. 人民日报 ,2019-05-01(02).

教育，弘扬民族精神和时代精神，加强爱国主义、集体主义、社会主义教育，引导人们树立正确的历史观、民族观、国家观、文化观。"①

（三）重视发挥中华优秀传统文化的浸润功能

立德，在中华优秀传统文化之中始终居于首要地位，是一个人、一个社会、一个国家安身立命之根本。习近平总书记指出："中华民族在几千年历史中创造和延续的中华优秀传统文化，是中华民族的根和魂。"②"道德之于个人、之于社会，都具有基础性意义，做人做事第一位的是崇德修身。"③

关于如何彰显中华优秀传统文化在立德树人中的浸润功能，习近平总书记强调："发展中国特色社会主义文化，就是以马克思主义为指导，坚守中华文化立场，立足当代中国现实，结合当今时代条件，发展面向现代化、面向世界、面向未来的，民族的科学的大众的社会主义文化。"④"对历史文化特别是先

① 习近平.决胜全面建成小康社会　夺取新时代中国特色社会主义伟大胜利［M］.北京：人民出版社,2017：40-41.
② 习近平.在庆祝澳门回归祖国15周年大会暨澳门特别行政区第四届政府就职典礼上的讲话[N].人民日报,2014-12-21(02).
③ 习近平.青年要自觉践行社会主义核心价值观——在北京大学师生座谈会上的讲话[N].人民日报,2014-05-05(02).
④ 习近平关于社会主义精神文明建设论述摘编[M].北京：中央文献出版社,2022:25.

人传承下来的道德规范，要坚持古为今用、推陈出新，有鉴别地加以对待，有扬弃地予以继承。"①

习近平总书记还强调发挥宣传思想工作在中华优秀传统文化传承中的重要作用，指出"兴文化，就是要坚持中国特色社会主义文化发展道路，推动中华优秀传统文化创造性转化、创新性发展，继承革命文化，发展社会主义先进文化，激发全民族文化创新创造活力，建设社会主义文化强国"②。

（四）强调培育践行社会主义核心价值观

社会主义核心价值观为立德树人提供澎湃之精神动力。习近平总书记指出："对一个民族、一个国家来说，最持久、最深层的力量是全社会共同认可的核心价值观。核心价值观，承载着一个民族、一个国家的精神追求，体现着一个社会评判是非曲直的价值标准。"③若缺少或没有一个社会共同认可的核心价值观，"一个民族就没有赖以维系的精神纽带，一个国家就没有共同的思想道德基础。培育和弘扬核心价值观，有效整

---

① 习近平在山东考察时强调 认真贯彻党的十八届三中全会精神 汇聚起全面深化改革的强大正能量 [N]. 人民日报 ,2013-11-29(01).
② 举旗帜聚民心育新人兴文化展形象 更好完成新形势下宣传思想工作使命任务 [N]. 人民日报 ,2018-08-23(01).
③ 习近平谈治国理政 [M]. 北京 : 外文出版社 ,2014:168.

合社会意识，是社会系统得以正常运转、社会秩序得以有效维护的重要途径，也是国家治理体系和治理能力的重要方面。"①

我们国家正处在大发展大变革大调整时期，国际国内形势的深刻变化使我国意识形态领域面临前所未有的复杂局面，各种思想文化相互激荡，不同文明交流交融交锋更加频繁，进一步凸显了思想文化力量在综合国力竞争中的战略地位。在这样的情况下，如何提高整合社会思想文化和价值观念的能力，扩大主流价值观念的影响力，掌握价值观念领域的主动权、主导权、话语权，是我们必须解决好的重大课题。关于如何凝练和培育核心价值观，习近平总书记指出："我们提出的社会主义核心价值观，把涉及国家、社会、公民的价值要求融为一体，既体现了社会主义本质要求，继承了中华优秀传统文化，也吸收了世界文明有益成果，体现了时代精神。"②关于社会主义核心价值观的培育和践行，习近平总书记指出："要以培养担当民族复兴大任的时代新人为着眼点……把社会主义核心价值观融入社会发展各方面，转化为人们的情感认同和行为习惯。"③在全国高校思想政治工作会议上，习近平总书记对高校如何培育和践行社会主义核心价值观提出要求，强调要"坚

① 习近平关于社会主义文化建设论述摘编 [M]. 北京：中央文献出版社,2017:106.
② 习近平谈治国理政 [M]. 北京：外文出版社,2014:169.
③ 习近平谈治国理政（第三卷）[M]. 北京：外文出版社,2020:33.

持不懈培育和弘扬社会主义核心价值观""要更加注重以文化人以文育人"①。

（五）坚持以人民为中心的理念

突出人民性是新时代立德树人的一个显著特点。党的十八大以来，习近平总书记多次强调人民群众的主体地位，并在实践中逐步形成了以人民为中心的发展思想。习近平总书记指出："要坚持以人民为中心的发展思想，这是马克思主义政治经济学的根本立场。"②党的十九大报告把坚持以人民为中心确定为新时代坚持和发展中国特色社会主义的基本方略之一，强调必须把人民对美好生活的向往作为奋斗目标，依靠人民创造历史伟业。"全党同志一定要永远与人民同呼吸、共命运、心连心，永远把人民对美好生活的向往作为奋斗目标。"③

关于"以人民为中心"思想的价值认知，习近平总书记强调："坚持人民主体地位，充分调动人民积极性，始终是我们

① 把思想政治工作贯穿教育教学全过程　开创我国高等教育事业发展新局面[N]. 人民日报,2016-12-09(01).
② 立足我国国情和我国发展实践　发展当代中国马克思主义政治经济学 [N]. 人民日报,2015-11-25(01).
③ 习近平.决胜全面建成小康社会　夺取新时代中国特色社会主义伟大胜利——在中国共产党第十九次全国代表大会上的报告 [N]. 人民日报,2017-10-28(01).

党立于不败之地的强大根基。"①"群众路线是我们党的生命线和根本工作路线。"②"以人民为中心的发展思想，不是一个抽象的、玄奥的概念，不能只停留在口头上、止步于思想环节，而要体现在经济社会发展各个环节。"③

关于"以人民为中心"思想的践行，习近平总书记在党的二十大报告中强调："全面建设社会主义现代化国家，必须充分发挥亿万人民的创造伟力。"④以人民为中心的思想，内在地包含着全体人民共享改革发展成果，实现共同富裕。习近平总书记强调，必须"使改革发展成果更多更公平惠及全体人民"，使"生活在我们伟大祖国和伟大时代的中国人民，共同享有人生出彩的机会，共同享有梦想成真的机会，共同享有同祖国和时代一起成长与进步的机会"⑤。只有全面从严治党，坚持群众路线和以人民为中心的发展理念，才能有效化解各种危险，深入推进党的建设新的伟大工程，不断增强党的政治领导力、思想引领力、群众组织力、社会号召力，确保我们党永葆旺盛生命力和强大战斗力。

① 习近平.在纪念毛泽东同志诞辰 120 周年座谈会上的讲话 [M].北京:人民出版社,2013:18.
② 习近平谈治国理政（第一卷）[M].北京:外文出版社,2018:365.
③ 习近平关于社会主义社会建设论述摘编 [M].北京:中央文献出版社,2017:13.
④ 习近平.高举中国特色社会主义伟大旗帜　为全面建设社会主义现代化国家而团结奋斗——在中国共产党第二十次全国代表大会上的讲话 [M].北京:人民出版社,2022:70.
⑤ 习近平谈治国理政 [M].北京:外文出版社,2014:40.

（六）扎实推进教师队伍建设

关于教师队伍重要性的论述。2016 年，习近平总书记在北京市八一学校考察时强调："教育决定着人类的今天，也决定着人类的未来"，"广大教师要做学生锤炼品格的引路人，做学生学习知识的引路人，做学生创新思维的引路人，做学生奉献祖国的引路人。"①"四个引路人"的论述强调了教师的引导作用，明确了教师在立德树人中的主体地位。"教师是人类灵魂的工程师，是人类文明的传承者，承载着传播知识、传播思想、传播真理，塑造灵魂、塑造生命、塑造新人的时代重任。全党全社会要弘扬尊师重教的社会风尚，努力提高教师政治地位、社会地位、职业地位，让广大教师享有应有的社会声望，在教书育人岗位上为党和人民事业作出新的更大的贡献。"②

关于教师队伍建设标准的论述。习近平总书记指出："好老师没有统一的模式，可以各有千秋、各显身手，但有一些共同的、必不可少的特质。"③做好老师，要有理想信念，要有道德情操，要有扎实学识，要有仁爱之心。"四有好老师"的论

① 全面贯彻落实党的教育方针　努力把我国基础教育越办越好 [N]. 人民日报 ,2016-09-10(01).
② 习近平在全国教育大会上强调　坚持中国特色社会主义教育发展道路　培养德智体美劳全面发展的社会主义建设者和接班人 [N]. 人民日报 ,2018-09-11(01).
③ 习近平 . 做党和人民满意的好老师——同北京师范大学师生代表座谈时的讲话 [N]. 人民日报 ,2014-09-10(02).

述是习近平总书记对所有教育工作者的号召，是新时期教师队伍建设的原则和行动指南。习近平总书记强调："教师要成为学生做人的镜子，以身作则、率先垂范，以高尚的人格魅力赢得学生敬仰，以模范的言行举止为学生树立榜样，把真善美的种子不断播撒到学生心中。"①

关于师德师风建设的论述。2016 年 12 月，习近平总书记在全国高校思想政治工作会议上强调："要加强师德师风建设，坚持教书和育人相统一，坚持言传和身教相统一，坚持潜心问道和关注社会相统一，坚持学术自由和学术规范相统一，引导广大教师以德立身、以德立学、以德施教。"②这一论述为教师职业道德建设指明了基本原则，为教师队伍的建设提供了依据。教师作为学生人生发展最主要的引导者，对学生的未来发展起到了举足轻重的作用。"教师不能只做传授书本知识的教书匠，而要成为塑造学生品格、品行、品味的'大先生'。"③习近平总书记还在学校思想政治理论课教师座谈会上提出"政治要强、情怀要深、思维要新、视野要广、自律要严、人格要正"④的要求。

---

① 习近平首次点评"95 后"大学生 [N]. 人民日报,2017-01-03(02).
② 把思想政治工作贯穿教育教学全过程　开创我国高等教育事业发展新局面 [N]. 人民日报,2016-12-09(01).
③ 习近平首次点评"95 后"大学生 [N]. 人民日报,2017-01-03(02).
④ 用新时代中国特色社会主义思想铸魂育人　贯彻党的教育方针落实立德树人根本任务 [N]. 人民日报,2019-03-19(01).

（七）把课程建设置于突出位置

实施立德树人，最基本的方法就是强化课程育人。以思想政治理论课为代表的各种学科教学，是提高德育工作质量和效果的主要阵地。习近平总书记强调："其他各门课都要守好一段渠、种好责任田，使各类课程与思想政治理论课同向同行，形成协同效应。"①通过挖掘不同课程之中的内在道德意蕴，发挥不同课程的德育价值。

习近平总书记高度关注高校德育工作，强调要从党和国家建设的大局出发，全面把握高校思政工作的重要性。习近平总书记在学校思想政治理论课教师座谈会上强调："思想政治理论课是落实立德树人根本任务的关键课程。青少年阶段是人生的'拔节孕穗期'，最需要精心引导和栽培。""思政课作用不可替代，思政课教师队伍责任重大"②，进一步明确了新时代思想政治理论课的历史使命，阐明思想政治理论课之于立德树人的关键作用。对如何开好思想政治理论课，习近平总书记指出："在大中小学循序渐进、螺旋上升地开设思想政治理论课非常必要，是培养一代又一代社会主义建设者和接班人的重要

---

① 把思想政治工作贯穿教育教学全过程　开创我国高等教育事业发展新局面 [N]. 人民日报 ,2016-12-09(01).
② 习近平谈治国理政（第三卷）[M]. 北京：外文出版社 ,2020:329.

保障。"①"坚持改革创新，推进大中小学思想政治教育一体化建设，提高思政课的针对性和吸引力。"②

（八）重视发挥环境在育人中的作用

立德树人这一根本任务的有效达成，需要重视发挥环境的育人功用。"要深化教育改革，推进素质教育，创新教育方法，提高人才培养质量，努力形成有利于创新人才成长的育人环境。"③

第一，自然环境。习近平总书记强调："要增强全民节约意识、环保意识、生态意识，营造爱护生态环境的良好风气。"④"推动形成节约适度、绿色低碳、文明健康的生活方式和消费模式，形成全社会共同参与的良好风尚。"⑤第二，校园环境。习近平总书记强调："一所高校的校风和学风，犹如阳光和空气决定万物生长一样，直接影响着学生学习成长。"⑥第

① 习近平谈治国理政（第三卷）[M]. 北京：外文出版社,2020:329.
② 加快建设教育强国　为中华民族伟大复兴提供有力支撑 [N]. 人民日报,2023-05-30(01).
③ 敏锐把握世界科技创新发展趋势　切实把创新驱动发展战略实施好 [N]. 人民日报,2013-10-02(01).
④ 坚持节约资源和保护环境基本国策　努力走向社会主义生态文明新时代 [N]. 人民日报,2013-05-25(01).
⑤ 推动形成绿色发展方式和生活方式　为人民群众创造良好生产生活环境 [N]. 人民日报,2017-05-28(01).
⑥ 习近平首次点评"95后"大学生 [N]. 人民日报,2017-01-03(02).

三，网络环境。习近平总书记强调："要运用新媒体新技术使工作活起来，推动思想政治工作传统优势同信息技术高度融合，增强时代感和吸引力。"[①]"网络是一把双刃剑，一张图、一段视频经由全媒体几个小时就能形成爆发式传播，对舆论场造成很大影响。这种影响力，用好了造福国家和人民，用不好就可能带来难以预见的危害。要旗帜鲜明坚持正确的政治方向、舆论导向、价值取向。"[②]第四，家庭环境。习近平总书记指出："家庭是社会的基本细胞，是人生的第一所学校，不论时代发生多大变化，不论生活格局发生多大变化，我们都要重视家庭建设，注重家庭、注重家教、注重家风。"[③]"广大家庭都要重言传、重身教，教知识、育品德，身体力行、耳濡目染。"[④]"要把家风建设摆在重要位置，廉洁修身，廉洁齐家。"[⑤]

回顾与总结我们党百余年的历史，可以清晰地看到，立德树人思想始终贯穿并发展于中国革命、建设与改革的各个历史时期。我们党对人才的培养要求随时代变化而变化，紧密围绕党和国家战略目标、遵循人的全面发展的价值取向。自新民主主义革命时期培养适应革命需要的人才，到社会主义革命和建

① 习近平谈治国理政（第二卷）[M].北京：外文出版社,2017:378.
② 习近平谈治国理政（第三卷）[M].北京：外文出版社,2020:319.
③ 习近平关于注重家庭家教家风建设论述摘编[M].北京：中央文献出版社,2021:23.
④ 习近平关于注重家庭家教家风建设论述摘编[M].北京：中央文献出版社,2021:19.
⑤ 习近平关于注重家庭家教家风建设论述摘编[M].北京：中央文献出版社,2021:38.

设时期培养造就一批德才兼备的"人民共和国建设者"，改革开放和社会主义现代化建设新时期倡导培育"四有"新人，再到中国特色社会主义新时代致力于培养"担当民族复兴大任的时代新人"，我们党始终密切关注社会发展需要和时代特征，不断培养适应时代要求的人才。今天，我们立足于推进中国式现代化新征程的历史方位，回顾和梳理中国共产党人关于立德树人思想的历史演进，厘清立德树人思想的发展脉络，对于培养当代新人，继承与发展立德树人教育，实现中华民族的伟大复兴中国梦，具有重大的理论与现实意义。

第四章

落实立德树人根本任务的实践探索

随着立德树人价值的深入锚定，各级各类学校涌现出一大批特色育人成果，具有极高的研究价值。在充分考虑有效性、便利性、可推广性等基本原则的前提下，本章主要梳理大学、中学以及小学三个层级的典型立德树人实践案例，不断挖掘蕴藏其中的共性特征与差异特色，总结凝练有益经验，以此来更好地厘清我国立德树人根本任务在实践层面的运行逻辑，实现系统性研究的目的。

一、大学立德树人根本任务的典型案例

新时代的高等教育必须将立德树人的成效作为根本标准，把道德养成放在首位，坚持德育为先。[①]山东师范大学是教育部与山东省人民政府共建高校，经过数十年积淀，已经发展成为一所学科专业齐全、学位体系完备、师资人才充沛、社会声誉优良的综合性高等师范院校，在全球自然指数排行榜、世界大学排

[①] 冯玉军, 伍聪. 高等教育要始终落实立德树人根本任务 [J]. 中国高等教育, 2022(10):6-8.

名榜等多项榜单中均位于山东省属高校前列。近年来，在深厚的发展基础上，学校紧紧围绕落实立德树人根本任务，将"育德"与"育才"相融合，建立了研究生导师"交心谈心""工作联系""预审鉴定""五导"等多项制度，育人成绩突出。山东师范大学作为落实立德树人根本任务的佼佼者，其立德树人实践具有一定的典型性。同时，笔者在获取数据及资料上具有相当的便利性与可靠性，有利于提高研究的有效性。因此，本节将山东师范大学作为研究对象，重点探索其在研究生教育阶段所开展的系列导学活动，深度凝练蕴藏其中的实践逻辑，以此不断丰富对落实立德树人根本任务的理论研究。

（一）基本情况

1. 突出亮点

近年来，山东师范大学紧紧围绕立德树人根本任务，聚焦"育德"与"育才"两条主线，创新开展研究生导师"五导"工作法。研究生导师"五导"工作法主要是指，导师作为落实立德树人根本任务的首要责任人，要走出"唯成绩""唯论文"的狭隘，积极参与研究生思想政治教育工作，在"导思想、导人生、导学习、导科研、导生活"五个方面充分发挥示范作用。这也意味着研究生导师不仅要具备精湛的业务能力，还要拥有高水平的政治素质与道德素质，以高尚的师德对学生进行全方位引领。为了推动"五导"工作法顺利实施，学校遵循"协同育人"的理念，建立了完备的"学校主导、学院主体、导师首责"研究生思想政治教育工作体制，深度激发"导师、辅导员、德育辅导员"三位一体机制活力，并辅以丰富活动、印发指南等具体措施，不断强化导学互动的环境熏陶和过程浸润效果，真正实现全员、全过程、全方位高质量育人目标。

2. 发展历程

2016 年，学校开始实施"五导"工作方法，并由此开启了研究生层面的以导学团队建设为载体的思政育人全面化建设。为进一步强化研究生导师德育意识，深入推广立德树人导学典范，引领新时代育人风尚，2017 年 3 月，学校制定了《山东师范大学研究生"五导"卓越导学团队评选办法》。同年 6 月，学校举办首届研究生"五导"卓越导学团队答辩评审会，共有42 个杰出导学团队参加，其中，硕导团队 28 个，博导团队 14个。截至目前，该活动已经成功举办四届，在校内引起热烈反响。除了在学校层面参与评选，还有 2 支团队获评山东省优秀研究生导学团队（首届），2 支团队获评全国高校黄大年式教师团队，成功在省内以及国内展现和输出山东师范大学教师队伍建设成果。2018 年 10 月，学校印发《山东师范大学全面落实研究生导师立德树人职责实施细则》；2020 年 12 月，印发《关于进一步落实研究生指导教师思想政治教育首要责任的实施办法（试行）》。这两份关键性文件进一步夯实了研究生导师在落实立德树人根本任务上的首要责任，明确提出"监督管理""配合参与""交心谈心"等多项制度，为研究生导师开展育人实践活动提供了可参考的理论坐标和制度保障。

3. 主要成效

山东师范大学在落实立德树人根本任务中的工作经验受到外界的普遍认同，导学思政建设案例成功入选"全国研究生教育战线特色育人工作新探索汇展"；特色工作案例入选《中国研究生》杂志"研究生教育这十年"专刊的"立德树人"专题；《守正创新，构建导学思政育人大格局》荣获山东省高校思想政治工作优秀案例二等奖；在全国地方高等师范院校学位与研究生教育工作研讨会（2017年）上做典型经验介绍。在众多优秀成果之中，研究生导师"五导"工作法被视为学校思政工作的特色与品牌，《大众日报》等官方媒体也对相关经验做法进行报道，产生了深远的社会影响。

（二）关键措施

1. 创新协同育人工作机制，强化立德树人工作效果

山东师范大学在落实研究生立德树人根本任务的过程中，

从系统性高度出发，立足工作实际，特别注重思想共识的凝聚，积极汇聚发展合力，形成了以"五导"卓越导学团队为支撑的"导师+"导学思政体系。具体而言，一方面是横纵贯通学校系统内部，即打造党委、职能部门、培养单位、学科点以及导师间的"纵向联动"，强化专职思政队伍、科教管理人员和研究生间的"横向协同"；另一方面是不断扩展参与范围，即推动学校、家庭与社会的"系统对接"，重视网络与现实、线上与线下的"无缝融合"，做到解决思想问题与解决实际问题的有机结合。总体而言，以导师为关键撬点的协同育人机制已经形成，多方力量的积极参与也成功造就了联动运行的良好局面。

2. 制定规范性文件，推动立德树人工作走深走实

依据国家层面的文件精神，结合学校实际，2018年10月印发《山东师范大学全面落实研究生导师立德树人职责实施细则》，对研究生导师队伍进行规范。文件中明确提出"把立德树人作为研究生导师的首要职责"，并以此为中心，对研究生导师的基本素质、主要职责等方面进行了详细规定，成为学校打造高质量育人导师队伍的行动指南。此外，还印发了《关于进一步落实研究生安全和心理健康责任实施办法》《关于进一步落实研究生指导教师思想政治教育首要责任的实施办法（试行）》等文件，不断明确研究生导师在育人工作中的职责，有效解决了导师开展思政教育无从下手的问题。

3. 抓实抓好育人工作队伍建设，把好立德树人质量关

新遴选通过的研究生导师在上岗指导学生前，需要经过相关培训，内容包括履行立德树人主要职责、遵守工作要求等多个方面，确保研究生导师本身具备过硬的政治素质、高尚的师德师风以及精湛的业务能力，当好学生的引路人。在培训方式方面，坚持学院自主培训和学校集中培训相结合，各学院结合本院实际情况，于每学年开学之初举办新导师培训会，持续巩固好、提升好研究生导师队伍质量。此外，辅导员需要接受"岗前—岗中—岗后"培训，思政课教师培养采取"一对一结对传帮带"方式，对党务干部进行"政治理论＋党性锻炼＋业务技能"多方位培训。可以说，学校格外重视立德树人工作队伍质量，坚持以培养培训为抓手，不断推动育人队伍向高精尖强发展。

4. 丰富学习载体形式，用活用好立德树人优势资源

山东师范大学积极整合校内存量资源，多形式、多层次、多方面进行优化配置，将立德树人根本任务融入导学互动的各个环节之中，通过创新学习形式、搭建学习平台以及大力宣传推广等措施，营造出良好校园风气，确保所有师生都能浸润于优质育人环境，推动育人工作在"有意义"的同时变得更加"有意思"。一方面，开展两类以正向竞争促发展进步的活动，一类是直接面向研究生的评选，如"学术十杰"；另一类是直接面向导师的评选，如"我最喜爱的研究生导师"。另一方面，

注重沟通平台的搭建，这类平台也分为两种，一种是研究生之间的经验分享，如"'治学·修身'研究生学术论坛"；另一种是师生之间的交流畅谈，如"导学下午茶"等，在实践中充分发挥疏通心理压力、激发学术理想、开展榜样激励等作用。丰富多彩的活动形式为立德树人工作的落实提供了广阔载体，在潜移默化中构建起全方位的育人软环境，师生可以在各种各样的活动中逐渐完成共育的目标。

5.建立研究生导师评价考核机制，倒逼立德树人工作落实

山东师范大学将立德树人职责履职情况纳入对研究生导师的多项考核之中，开展诸如教学督导、聘期考核、评优评先等考核评价工作，通过直接的利益连接，强制推动研究生导师落实立德树人工作。为了维护考核的权威性和有效性，学校还配套制定了诸如通报批评、暂停招生资格、纪律处分等各项处理措施。值得注意的是，学校对于失德严重和履职极其不力的情形实行"一票否决"，进一步强化了立德树人工作的重要性，引导研究生导师克服侥幸心理，专注立德树人。

6.实施研究生导师表彰激励机制，激发开展立德树人工作积极性

学校不仅将研究生导师立德树人工作的考核结果作为失德或失职教师的处理依据，同时也将其视为对优秀教师进行鼓励的重要参考，以期深入激活研究生导师的内生动力。为此，山

东师范大学制定了多项奖励措施，如，免予下一年度硕士生招生资格审核、优先推荐各类研究生教育评奖等，极大地促进了研究生导师开展立德树人工作的热情。

（三）主要特征

1.时代性与创新性

山东师范大学紧跟时代要求，主动依据最新发展态势，不断调整和优化立德树人体制机制，改革创新办事方式，确保生命力和竞争力同时在场。学校通过立制度、建机制、树品牌、造氛围、写亮点等一系列举措，全方位打造以"师德引航、育人引路、业务引领"为主要内容的研究生导学思政品牌矩阵，构建"导师示范、过程浸润、协同育人"的育人模式，守立德树人之正，创协同育人之新，构建导学思政育人大格局，推动研究生思政工作守正创新发展，努力打造新时代研究生思想政治工作的标杆示范。其中，学校围绕"五导"所创新设计的各项活动广受赞誉，实际效果突出，也证实了学校育人工作的有效性。

2.系统化和科学化

山东师范大学在落实立德树人根本任务的实践过程中，从研究生德育需求出发，打破系统内外的横纵隔膜，明确导师首要责任制，充分联动行政人员、辅导员、家长等多方利益相关主体，不断汇聚强大合力，为任务落实提供最坚实的人力资源保障。体制机制的完善已经成为一项系统工程，学校从政策规范、师资培训、评选竞赛、评价考核等多个方面进行科学设计，做到了从育人的全过程发力。概而言之，通过一整套有效的科学循环系统，充分发挥学校育人资源的应有作用。

3. 规范性和自主性

山东师范大学为了更严更实地落实立德树人根本任务，依据研究生教育特点，出台了以《山东师范大学全面落实研究生导师立德树人职责实施细则》为核心的系列文件，在严格规范导师首要责任的同时，对其余各主体的育人责任和使命也进行了相应的明确。一方面，辅导员、任课教师等相关人员对育人工作负有直接责任；另一方面，考虑到人数规模、学科特点、方便管理等诸多因素，学校建立了"学校主导、学院主体、导师首责"的工作体制，赋予学院一定的自主权，使学院在面对复杂百变的情况时，能够灵活发挥，避免工作陷入僵局。在自主空间内，学院能够充分发挥积极性和主动性，不断涌现出一系列兼具创意性和实效性的"金点子"，推动育人工作百花齐放，进一步丰富完善学校总体育人工作机制体制。

（四）有益经验

1. 以高站位深学细悟立德树人工作

山东师范大学坚持深刻领悟立德树人的重大意义，深入贯彻落实立德树人根本任务。党的十八大、十九大以及二十大都对立德树人工作进行了强调，从"把立德树人明确为教育的根本任务"到"要落实立德树人根本任务"再到"把全面贯彻党的教育方针、落实立德树人根本任务放在教育工作统领位置"①。可以说，立德树人已经成为教育的核心环节，是各级各类学校必须完成的育人任务。作为高水平人才培养体系建设的核心，立德树人是高校服务党和国家全局战略、服务我国发展现实目标和检视高校自身使命的价值标尺。②山东师范大学充分认识到落实立德树人根本任务的重要性和紧迫性，在立足本校实际发展情况的基础上，坚持德育为先，坚守质量生命线，拒绝走形式、走过场，以端正严谨的态度、担当实干的作风、铸魂育才的责任以及为国为民的情怀在研究生育人工作上交出一份高分答卷。

山东师范大学对学校育人工作进行整体规划设计。学校致

---

① 焦扬. 落实好实现好立德树人这一根本任务 [J]. 红旗文稿,2023(13):9–13+1.
② 罗政翼. 论新时代高等教育的根本任务——学习习近平关于立德树人重要论述的思考 [J]. 思想理论教育导刊,2020(01):15–18.

力于做到"上接天线、下接地气"，一是积极关注国家政策导向，不断深化理解立德树人的重大意义，及时准确把握立德树人的重要内涵；二是结合管理需求、学科特点、学校资源等多项要素，打通沟通联动的堵点，采取出台政策、联动人员、汇聚资源等多项举措，将立德树人工作不断细化与具化，如围绕国家政策精神出台本校实施办法。总体而言，这种大局观有效促进了局部要素的快速流通，切实增强了措施的可操作性，进而推动了整体育人质量显著提升。与此同时，所构建的工作框架也在一定程度上强化了学校自主培养高层次人才的能力，促进了人才链、培养链与创新链的深度融合，形成多赢局面。

2.以厚实资源支撑立德树人工作实施

山东师范大学统筹学校"硬"资源，为育人实践开展做好铺垫。高等院校本身就是诸多资源的集合体，中小学难以比肩，在落实立德树人根本任务上具有天然优势。山东师范大学发展历史悠久，作为省部共建高校，其综合实力在省内一直稳居前列，也具备相当的人力、物力以及财力资源。在此基础上，学校积极汇聚校内资源，对管理体系、师资队伍、政策体系等方面进行建设，以硬实力推动育人工作落地。如举办研究生"学术十杰"评选活动，从政治素养、道德品质、创新能力等多个方面对候选人进行评审，对于获奖者除颁发证书外，还将给予一定的奖金奖励。在缓解研究生生活压力的同时开展精神鼓励，以双重关怀推动学生积极朝向德智体美劳全面发展。

山东师范大学利用学校"软"资源，为育人实践开展营造氛围。校园文化对于研究生成长发展具有潜移默化的作用，尤其是在思想与心理两方面，需要尽快加强校园文化内涵建设，主动与德育工作有机融合，实现全员、全过程、全方位浸润，突出营造育人氛围。山东师范大学一方面严抓师德师风，要求教师（包含行政人员等）率先垂范、爱生如子、交心谈心，积极引导学生做到尊师重道、同学互助，进而形成"教学相长、师生共进、团队共建"的优良校园风气；另一方面以导学关系为纽带，以导学活动为载体，从环境熏陶和过程浸润的思路出发，努力营造崇尚科学、鼓励创新、服务国家、造福人民的学术氛围，如举办"导学下午茶"等活动，拉近师生之间的距离，不断将思想价值的引领、科研精神的培养、创新精神的培育融入科研全过程、育人全链条，融入"五育"并举的育人实践，实现"润物细无声"的育人效果。

3. 以重点打造凸显立德树人实绩

山东师范大学紧密结合研究生的培养特点，坚持在关键因素和主要矛盾上发力。研究生教育更强调专业性与精准性，在落实立德树人根本任务时，除了开展思想政治通识课、德育活动、辅导员管理等普适于本科生和研究生的计划和措施，学校从研究生的培养特征出发，以导师为抓手，围绕"思想、人生、学习、科研、生活"五个现实需求，创新性提出"五导"工作法，不仅深化了研究生教育培养机制改革，也打造了学校立德树人的特色品牌。

山东师范大学放权自主管理，注重鼓励学院进行特色创新。学校共拥有 14 个博士学位授权一级学科、2 个博士专业学位授权点、32 个硕士学位授权一级学科、23 个硕士专业学位授权点，涉及哲学、经济学、法学、教育学、文学、历史学、理学、工学、管理学、艺术学十大学科门类。在如此庞大的建设规模下，不同学院的学科特点、学生特质、导师人数等要素间存在相当大的差异，如果由学校逐一进行管理，不仅容易导致效率低下，还难以产生育人改革亮点，完全无益于大局工作。因此，学校采用了"学校主导、学院主体、导师首责"育人工作体制，赋予学院一定的自主权力，意在发挥不同学院的育人创意，形成育人工作合力。实践表明，这个工作模式是有效的，不同学院结合自身专业特点和实际情况，打造出各具特色的育人品牌和育人举措。如，化学化工与材料科学学院充分结合思政与育人、线上与线下、课程与实验等教育形式，开展了独具特色的主题教育、学术报告、论坛讲座等活动；经济学院从经济学视角开展思政教育，不仅推动了思政教育的理论创新，还提高了其实效性。

二、中学立德树人根本任务的典型案例

广州大学附属中学可追溯至 1948 年 5 月在哈尔滨成立的"东北民主联军南岗干部子弟学校",受战争影响,学校被迫一路南迁,在革命年代被称为"战车上的学校",红色血脉与学校历史深深相融。为了更好地传承红色基因,赓续红色精神,学校立足深厚的红色传统,结合新时代教育目标,全力围绕"国防"主题展开育人探索,形成了一批丰硕成果。学校所申报的《大国防教育:广大附中教育集团立德树人新样式的实践探索》获得 2022 年广东省教学成果奖一等奖、《大国防教育:G 中学立德树人实践的新样式》获得 2022 年基础教育国家级教学成果二等奖,立德树人成绩突出,其创新性的经验做法引人深思。因此,本节以广州大学附属中学所开展的大国防教育为研究对象,深入剖析学校依托国防教育所形成的落实立德树人根本任务的新路径,进一步充实育人理论和实践样例。

(一)基本情况

1. 突出亮点

广州大学附属中学所设立的"国防班"以创新的培养思路、

鲜明的军事特色、显著的育人效果广受赞誉，多次获得国家级奖项，成为学校乃至广东省的教育品牌。国防班的办学有两大定位，一是依托国防教育探索中学素质教育的新路径；二是为祖国强军事业培养优秀的后备人才。在明确的导向下，广东省军区与广东省、市两级教育部门积极联动，为学校开展具有区域特色的国防教育争取大量资源，不断推动"国防班"建设走深走实。在发展过程中，学校从管理、课程、师资等多个方面入手，采取组建国防教育办公室、研制"国防＋"课程模块、聘请退役军人任教等多项特色举措。为了不断推广已形成的国防教育经验，同时突破"单干"模式的局限，学校聚众积智，积极组建国防教育联盟，影响力持续提升。在多方共同努力的催化下，军地战略合作力度再次加大，相互签署了深化拓展创办"国防班"协议。经过十多年积累，学校又新增"国防科技育英班"，培养目标拓展到军事科技人才，"国防班"建设达到新的顶峰。可以说，学校"国防班"的开办，成功实现了文化素养、健康体魄、思想水平、政治觉悟以及道德品质的完美交融，为新时代落实立德树人根本任务提供了一条极具价值的参考路径。

2. 形成过程

纵观整体发展历程，"国防班"能够顺利落地主要源于两股特殊需求的相互契合。一方面，与全国绝大多数普通高中不同，广州大学附属中学作为一所诞生在部队军营的学校，本身就是在红色根系哺育下发展起来的，具有极其深厚的红色历史，传承好红色血脉也一直是学校的重要使命之一。传承的关键在于塑造和内化，如果仅仅是走过场和搞形式，比如一年搞几次讲座，很难让学生从红色历史中有所收获，也无法真正锻造出革命先辈的坚韧意志和品格，红色育人资源将被浪费。因此，必须有一个实体去承载学校丰富的红色育人资源，将红色理念扎实、细密地进行渗透，才能使全体师生对学校的历史形成强烈的价值认同感。另一方面，在寻求教学育人模式变革的同时，如何提高军校学员和国防生的生源质量，打造高素质军队干部队伍成为摆在广东省军区面前的问题。广东省作为高考生源大省，报考军校和国防生的人数却一度在全国排名靠后，计划和录取比例不及全国平均水平的五分之一。[1] 在总部的支持下，经过多次调研论证，广东省军区决定把国防人才培养关口前移至高中阶段，并开始选择试点学校。

2011 年 9 月，广州大学附属中学就建设"国防班"一事接受了广东省军区和省、市两级教育部门的考察调研。2012 年 5 月，广州市教育局专门批文，为学校下达了高中"国防班"招生计划，并将"国防教育课程"列入普通高中特色课程重点立

---

[1] 姜博西,单志祥,等.广东省军地开办全国首个高中"国防班"——打造国防建设"人才苗圃"[N].解放军报,2015-11-09.

项。9月，经过政审、笔试、面试、体检等层层筛选，有100名学生成功获取进入全国首个高中"国防班"的资格。10月，在大学城校区举办开班仪式，军地双方正式签订了共同培养国防后备人才协议。至此，以国防班为载体强化爱国主义教育的规划正式落地，学校重点致力于培养"思想好、品德好、学习好、身体好，心理好"的新时代"五好学生"。

在培养方式上，学校联合多方力量，汇聚多类资源，将国防课程与文化课程相互融合，将知识学习与军事训练相互融合，为国防班学生的全面发展提供坚实保障。经过三年办学，全国第一个高中国防班在2015年高考中向部队输送了21位人才，取得理想成绩。2015年11月，学校被授予"广州大学附属八一红军学校"称号，借此挂牌之机，学校更加积极地开展了大量的爱国主义教育实践活动，并主动在广州大学附中教育集团范围内深入继承和发扬长征精神，坚定学生的革命信仰。2016年，学校成功入选国防教育特色学校，办学经验得到肯定。2017年，学校开启了对国防教育深度融合的大探索，与广州市第四十一中学、江西省南昌市八一中学、湖南省浏阳市第三中学等在南昌新四军纪念馆签订国防教育联盟协议，成立全国首个国防教育联盟。[①] 因国防教育成效显著，社会反应良好，

---

① 侯坤，曹舒昊. 引领"兵教师"队伍新风尚——校园"国防特色班"国防教育模式探索 [J]. 中国退役军人，2022(7):4.

2018 年 6 月，军地共商国防特色办学大计，广东省军区政治工作局与学校签署深化拓展创办"国防班"协议，战略合作持续加深加牢。2019 年 4 月，广州大学附中教育集团举办全国首个中学国防教育研讨会，持续扩散"大国防教育"影响力。同年，国防班的办班数从最开始的 1 个增长到 5 个。2023 年"国防科技育英班"正式揭牌，这是国防科技大学在广东省授予的首个也是唯一一个"国防科技育英班"，表明学校的国防教育培养力度与精度又有提高，开始面向军事科技人才。

3. 主要成效

经过不懈努力，国防班总体建设成效显著。从课程方面看，在市级各类高中特色课程班评选中，广州大学附属中学"国防班"综合排名第一，被作为全市 27 个高中特色课程班之一重点立项，《国防教育课程》入选普通高中重点特色课程。从育人方面观察，高中录取分数位居广州市前二，每年均有十几位同学录取到国防科技大学、空军航天大学、海军舰艇学院等军事院校，为祖国的国防事业作贡献，同时也是清华大学和国防科技大学的优质生源基地。从获得荣誉方面看，广州大学附属中学先后被评为"全国基础教育名校""国家安全教育示范基地""普通高中新课程新教材实施省级示范校""广东省德育示范校""广东省青少年军校基地""广东省红领巾示范学校"等，是名副其实的一流名校。从辐射推广看，2017

年成立的全国首个国防教育联盟经过长期培育，已经由最初的几所学校扩展至湖南、湖北、江西、西藏、广东等地的 20 余所学校，辐射范围不断扩大。

（二）关键措施

1. 构建国防教育特色课程群，承载育人工作开展

由于建设特色重在突出"国防"主题，但学校仅具备较为完整的传统学科教学体系，育人任务难以落地。因此，学校积极围绕理论、法规、技能、体育、科技以及研学六个方面，研发出一整套"价值观教育＋品格教育＋气质教育"三位一体的"大国防"教育课程体系，具体涵盖军事思想、应急救护、野外生存、定向越野、信息安全技术等内容，不同于普通高中文化课程。通过专项化国防教育课程的学习，学生们不仅习得了更为系统化和多样化的知识，心志和身体也得到了有效锻炼，良好学风正渐次塑成，育人工作被有效渗透其中。

2. 开展形式各样的实践活动，丰富立德树人开展形式

除了校内开展的国防知识学习、国防讲座等理论宣讲形式，国防教育特别注重通过专项实践活动来培养学生的坚韧意志与高尚品格，进而助力于立德树人根本任务的完成。广州大学附属中学积极利用军地多方资源，依托学校国防教育

办公室、军迷社团、国防武器园、高空心理行为训练场等组成"军事基地+"育人场所。学校也积极利用寒暑假时间，组织学生进行红色研学、军营体验、参观军舰、实弹射击等丰富多彩的特色实践活动，不断促进国防理论知识与国防实践活动的紧密结合。同时，还开展早操、体育锻炼、军训等常规军事实践活动，帮助学生养成良好的锻炼习惯以提早适应军队生活。

3. 打造多元化师资队伍，提升立德树人专业程度

师资队伍建设一直是教育理论与实践的热议话题，雄厚且专业的师资力量是高质量教育发展的关键前提。广州大学附属中学在开办国防班的起步阶段同样遇到了专业师资短缺的问题，学校原有的学科教师无法胜任国防课程的教学。为了走出困境，加快推进国防班建设，学校通过共建、共享的方式联合多方力量，打造出一支来源多样化的国防教育导师队伍，包括军队有关领导、军事院校专家、学校科任教师、现役军人、退役军人等，并依据各自的专业性，对口开展国防教育相关课程。如退役军人进校成为专职教官或者管理人员；军事院校专家开讲军事理论。如此一来，学校国防教育师资队伍建设成果不仅在数量上有所增长，同时也保证了质量的提升，为后续开创"国防班"崭新局面打下了良好基础。

4. 组建国防教育联盟，不断辐射优秀育人经验

经过长期发展与完善，广州大学附属中学"国防班"建设成果得到广泛认同和赞赏，成为一张学校在立德树人过程中精心打造的名片。一方面，为了进一步扩大成果影响范围，学校不断吸引更多资源投入其中，切实增强国防教育的力量；另一方面，为了将成熟经验辐射到更多中学，为更多的高中生提供接受国防教育的平台，提高优质国防生源的比例，从 2017 年开始，学校主动走出"单干"的局面，面向全国范围内的中学积极组建国防教育联盟。目前，"国防班"教学管理经验已经在全国 8 个省份、百余所学校复制推广，发展态势良好，国防教育品牌价值和社会影响力进一步提升。

5. 进行专门化管理，提高立德树人工作开展效率

广东省军区和学校专门制定了《广州大学附属中学"国防班"学生培养实施细则》和《广州大学附属中学"国防班"军政训练实施办法》，明确学校对"国防班"进行日常教育管理的主权力，军队做好"国防班"国防教育的协助工作。为了保证"国防班"的军事特色与育人效果，同时确保学校的正常运转与"普通班"的教学实践，广州大学附属中学参照军校管理体系，对国防生单独建班并进行专门化管理。除此之外，学校还专门成立了国防教育办公室，在班级管理上也推行专业军事教官与文化班主任双线合作的模式。在硬件

设施建设上，学校按照军队特色，安排了国防班会议室、军事阅览室、国防班教室、国防班学生宿舍，引导学生全过程沉浸国防教育。在浓厚的军事氛围之中，国防生区别于普通高中生的日常教育管理，进行集中住宿、统一着装，一切学习与生活行为向军队模式靠拢，促进立德树人专业化、专门化和效率化。

6. 适度进行资源倾斜，强化立德树人工作吸引力

"国防班"作为军地合作建设的重点项目，在学校发展建设中占据了极其特殊的地位，也因此获得了大量的资源投入和倾斜。可以说，广州大学附属中学是举全校之力抓建"国防班"。在这一前提下，学校专门出台了诸多资源倾斜的政策措施，涉及经费、师资等多个方面，营造出宏大声势。如有针对性地制订"国防班"教学计划以适配实际需求，主动减免国防生全部择校费和学杂费以提高吸引力，配备具有高级职称的优秀教师以保证教学效果等。在大量优质资源的供给与配合下，学校国防教育发展迅速，仅从 2012 年至 2015 年，三届毕业生的高考重本率就达到了 100%，此后考入军校、武警院校等的人数更是持续攀升，教育效果十分显著。

（三）主要特征

1. 协调性与统筹性

"大国防"教育是军事与学业的相互交融，不是国防教育与学科教学的相互对立，因此，在具体实践上要抓住主要矛盾，区分好轻重缓急，避免因为急于打造特色品牌而重国防轻文化和单纯关注本科过线率而重文化轻国防的错误倾向。因此，必须遵循协调统筹的思路，坚持以提升育人实效为目的，做到两不误、两促进。在广州大学附属中学的实际育人过程中，所形成的"国防+"课程模式以及专门化的管理模式使得国防生既能够达到普通高中生的知识水平，又能够具备相当的军事素养，而严格的军事训练不仅能够强健学生体魄，还可以磨炼其意志力与专注力。可以说，"大国防"教育既体现了素质教育的应有之义，也培植了国防生的家国情怀和强大精神。

2. 特殊性与精准性

无论是形成过程，还是发展规划，"国防班"与"普通班"都有明显区别，体现出极强的军事特色。对于国防生而言，立德树人工作的开展不能直接套用现成的学校传统育人模式，需要进行专门化的设计。广州大学附属中学针对"国防班"的性质与特征，从育人本质出发，研制出了一整套国防课程体系，配备了高质量教师队伍，安排了独立活动场所。学校资源要素快速向"国防班"建设集聚。在"高起点、高标准、高要求"的评价压力下，资源被精准地进行分配，如退役军人担任教官等，进而成功培育出一批高质量育人成果。

3. 多元性与广泛性

"国防班"的形成源于双重需求的融合，即学校传承红色基因与军队寻求优质生源，这两股力量既是开展国防教育的基础支撑，也是对外连接育人资源的重要主体。一方面，学校与军队联合进行基础资源投入，如师资队伍中就包含由学校提供的学科教师和由军队提供的现役教官两个关键主体；实践场地则是由学校建设的活动场所与军队提供的各类训练场组成。另一方面，军队还积极对接上级部门、军事学院等可用育人资源，学校也与教育部门、校友、家长等利益相关主体进行接洽，以寻求普遍支持。概而言之，力量支持的多元性与广泛性使得"国防班"获取了可观资源，为开展多样化的育人课程与实践做出了铺垫。

4. 阶段性与示范性

从最初的"愁优质生源、愁专业师资、愁国防课程、愁科学管理"到如今涌现出一批批优秀成果和诸多荣誉，既是学校国防教育十几年发展历程的缩影，也对应着"国防班"经历的零经验的探索期、快速发展的蓬勃期以及纵深推进的成熟期等多个阶段。起初，"国防班"仅仅展现出了区域性的示范效应，在岭南大地掀起一股携笔从戎的热潮。据统计，2015年广东省军校和国防生报考人数较2014年增加28%，招生计划增加30%，广州市初中毕业生报考国防班持续火爆，3年间录取分数线共提高了34分。随着发展的深入，国防教育经验已经辐射多个省份，成为百余所学校开展立德树人工作的样板，越来越多的学生选择携笔从戎。

（四）有益经验

1. 以多部门联动集聚育人资源

一是积极争取上级部门认同，不断提高抗风险能力。"国防班"建设虽然以广州大学附属中学为主，但放置于整个管理体系观察，需要与军队、高校院所、财政部门、家长、社会等诸多利益相关者进行协调，仅仅依靠学校的微弱力量难以实现。同时，面对未知的各类风险与困难，需要提前进行资源储备与应急管理。广州军区与学校联合向上级部门寻求大力支持，在建设早期就进行提高抵抗风险能力的筹备工作。起初，广东省军区获得了总部的支持，学校也争取到了广州市教育局与广东省教育厅的关注，双方在政策、资金、管理等多个方面均获得了资源倾斜，合作顺利开展。随着"国防班"建设的快速推进，上级部门的支持态度越发明朗，军队与教育部门主要领导莅临学校视察国防教育工作，双方乘势而上，进一步深化合作，签署了拓展创办"国防班"协议，积极打造"国防科技育英班"，国防教育体系不断完善。可以说，双方以优秀建设成果进一步争取上级部门更大的支持，进而获取更多的资源倾斜，再投入"国防班"的建设实践中，形成了良性循环。

二是主动开展协同育人实践，切实强化合作效果。经过前期大量调查研究，广州大学附属中学确立了一条"学校为主、军队全程嵌入、军地联合培养"的育人路径，通过利用共建单位资源推动"国防班"的快速发展。具体到协同育人实践的开展，主要采取两大融合措施，一方面，学校主动将"爱国、坚韧"等国防精神融入课程中，研制出了一套国防教育课程体系，通过理论与实践的双重浸润实现对学生的全方位培育；另一方面，除传统学科教师传授普通高中文化知识外，学校积极引进现役和退役军人，让专业人士开展专业教学与训练，全过程营造军事氛围，让学生提早适应部队生活。正是"学校+军队"双重作用的发挥，才让"国防班"成为一块名副其实的金字招牌。

2. 以优势特色资源打造育人品牌

一是立足区域特色与学校特色，围绕"红色"做文章。经过大量调研后发现，与全国绝大多数普通高中相比，广州大学附属中学本身就具有浓厚的红色血脉，且位于军队的主要驻扎点——广州市。可以说，无论是从历史传统出发，还是从资源情况考量，广州大学附属中学在发展国防教育方面都得天独厚，具备培育家国情怀、坚韧意志、高尚品格等优秀品质的丰厚土壤，并且同军队之间具有显著的资源互补性。军队和学校大力开展合作，选择"国防（军队）+ 教育（学校）"的联合模式对学生进行全方位培养。同时，为了进一步彰显军事特色，广州大学附属中学还在校内积极打造国旗护卫队、军体拳队、队列示范队等国防特色品牌团队，不断细化、具化红色国防教育品牌。

二是拓展区域资源与学校资源，围绕"共享"下功夫。除了充分利用军队与学校已有的软硬件资源，如训练/活动场地、教官/教师队伍，围绕广东省丰饶的物力、人力以及财力资源，双方还充分发挥厚重历史资源、利用优秀校友资源、挖掘当地高校资源、广泛联动家长资源，努力推动各界资源的对外开放与循环利用，不断扩大育人资源总量与丰富资源性质，为学校国防教育的顺利开展提供了坚实保障。为了进一步吸纳育人力量，同时在全国范围内整体提高国防教育的生源质量，学校通过组建联盟、开办培训、邀请参观等方式，主动共享"国防班"建设经验，不断做大做响国防教育品牌。

3. 以专门化设计保障育人效果

一是从规划理念上长远设计国防教育体系，贯通初中与高中的国防教育体系。广州大学附属中学出于学生身心发展规律与落实立德树人根本任务的考量，结合自身实际，紧紧抓住价值观确定的关键期，积极衔接初中与高中阶段的特色国防教育，从初中一年级就开始设立少年军校班，还专门开发了符合初中学生特点的国防教育课程。[①] 经过三年的国防学习和锻炼，不少学生主动选择参加高中"国防班"的选拔，顺利获取入读资格名额的学生，将继续接受更为体系化、专业化的国防教育训练，不断在"国防"路子上前进。

二是从软硬件上开拓创新国防教育体系，实现从"无—有—好"的长链条转变。在育人模式上，虽然广州大学附属中学是一所具有红色历史的学校，一直坚持培育学生的红色精神，但正规的国防教育同红色文化教育具有明显区别，无法直接套用原先的红色文化育人模式。在学科教学上，红色育人体系下的学科教学仅能覆盖普通知识体系，难以全方位渗透国防教育精髓。学校在与军队达成合作意向后，围绕"红色"特点与育人本质，积极采取制订国防教育实施计划，研制国防教育课程体系，打造国防教育师资队伍等措施，最终形成了一套特

---

① 席长华. 以习近平强军思想引领中学国防教育创新发展——以广州大学附属中学国防教育为例 [J]. 新教育（海南），2020(32):2.

色鲜明、内容完备、贴合实际的国防教育体系。

三、小学立德树人根本任务的典型案例

清华附小的前身是 1915 年成立的成志学校，该校特别注重培养学生树立远大的志向，使"成志"从一开始就深深地融入附小人的血脉之中。在漫长的发展历程中，学校走出了包括诺贝尔奖获得者、中科院院士、共和国将军、奥运冠军等杰出人才，培养了一批教书育人楷模、全国模范教师、育人先锋、师德标兵等成志榜样教师。2018 年 12 月，教育部公布了"2018 年国家级教学成果奖获奖项目名单"，清华大学附属小学申报的《成志教育：小学立德树人的校本实践》荣获一等奖，其落实立德树人根本任务的有效经验也被大范围推广，影响深远。这也是该校第二次获得国家级教学成果奖，教学实力可见一斑。可以说，在基础教育领域，该校是我国著名的百年名校，具有极高的研究和学习的价值。因此，本节以清华大学附属小学为研究样本，通过资料收集、讨论分析等方式，广泛且深入地探索该校在落实立德树人根本任务上所采取的种种举措，以及背后的发展规律，以期为我国其他小学的落地实践提供可参考的

理论坐标。

（一）基本情况

1. 突出亮点

清华大学附属小学创新开展"成志教育"。《成志教育：小学立德树人的校本实践》是以成志为纲，尊重儿童天资与性情，培育理想与抱负，砥砺意志与行动，构建横向优化学科育人的"1+X课程"、纵向遵循儿童身心发展规律的年段三进阶，横纵联合形成主题课程群、儿童内生机制、自我激励评价的系统育人模式。[①] 其中，"成"要求教师以学生身心发展规律为基础，全力推动"兴趣—乐趣—志趣"链条延伸，是落实立德树人的关键路径。"志"要求教师植根于中华优秀传统文化，充分融合时代育人要求、学校文化积淀等要素，推动全方位育人，是落实立德树人的重要目标。在"成"与"志"的双重作用下，学生不仅在学习成绩方面取得长足进步，还能够拥有爱国情怀、远大理想等良好德行，真正实现德、智、体、美、劳的全面发展。

2. 形成过程

世纪之交，清华大学附属小学以"语文主题教学"育人主

[①] 清华大学附属小学. 成志教育：小学立德树人的模式构建与实践探索 [J]. 人民教育,2018(08):53-59.

张带动全学科的课堂改造。2014 年，该成果荣获基础教育国家级教学成果奖一等奖。但获奖并不意味着停止，小学教育还存在诸多问题，如重知识轻育人、重学科轻活动，需要继续探寻教育的真义以及符合时代要求的育人模式。在这一理念的指引下，清华大学附属小学于 2011 年正式提出开展"成志教育"，标志着学校整体迈入育人模式改革新阶段。2012 年，党的十八大首次提出"把立德树人作为教育的根本任务"，为"成志教育"赋予了新的灵魂，其内涵进一步丰富。2015 年，在百年校庆之际，清华大学附属小学系统梳理百年学校的办学经验，构建了学校成志教育的育人体系，提出要引导当下的儿童树立理想抱负、意志品质，并付诸实践，使其"从小学习做人、从小学习立志、从小学习创造"，确立了实现成志教育的三条路径，"成志教育"体系化发展效果显著。2018 年，学校申报的《成志教育：小学立德树人的校本实践》获得第二届基础教育国家级教学成果一等奖，《小学立德树人成志育人模式实践研究》获得国家社会科学基金"十三五"规划课题的立项。2020 年 4 月，教育部基础教育司委托清华大学附属小学开展"学校落实立德树人机制研究"课题研究，"成志教育"研究工作进入新的阶段。

3. 主要成效

经过理论与实践的双重累积，"成志教育"在多个方面发挥了重要作用，取得了瞩目成绩。首先，有效提升了在校生的学业水平与品德素质。在北京市海淀区学业发展水平及非智力因素监测中，该校学生的学业质量及非学业品质各项指标得分率全部显著高于区级常模，且高出的百分点呈增长趋势。其次，项目成果获得了谢维和、石中英等多位教育专家的肯定，进一步证实了学校立德树人工作改革的有效性，夯实了学校在基础教育界的"领头羊"地位，打造了学校的正面积极形象，广泛引起全国其他小学的学习借鉴。在辐射推广下，许多学校纷纷向清华大学附属小学"取经问道"，积极学习成功经验，不断深化落实本校立德树人根本任务，效果较为突出的如河北省石家庄市。石家庄市为推进学校改革，成立了专门的工作组并做出四步推进的策略部署，从全市 10 个区县中遴选出 29 所学校作为项目推广应用实验校，还在石家庄市金马小学隆重召开项目成果推广应用培训暨窦桂梅校长团队报告会，共计 200 余人现场参会，线上 1 万余人进行观摩，推动了"成志教育"影响力的进一步扩大。

（二）关键措施

1. 以"1+X 课程"为抓手，横纵开展立德树人工作

清华大学附属小学在落实立德树人根本任务时，从学习目

标与学生需求出发，以学科为抓手，横向联动生活、科技等其他领域，帮助学生在更好地理解知识的基础上掌握其他技能与培育良好品质。具体而言，"1"是指国家基础课程，如语文、体育；"X"是由"1"创生的儿童个性课程（含学校、年段、个体个性课程），目前已经形成 6 类多层次的 60 多门自选课程；"+"指向二者的联系结构。[①]"1+X 课程"经过特别设计，以学生的差异性为课程选择依据，拒绝"大水漫灌"式的单一知识传授，意在充分挖掘各学科所具备的独特育人价值，以融汇性知识促进学习的有效性，充分发挥系统育人效应。

2. 触发学习动力系统，不断激发学生德育追求内在动机

学生的知识习得与道德涵养是一个动态发展的过程，很多因素会对结果产生直接甚至是重大影响，必须坚持从学生身心发展规律、学科知识体系等关键基点出发，以多元化施策促进育人效果的改善。清华大学附属小学对此主要采取了两大措施：一方面，让学生直接参与学校的多项建设，即学生可以全程参与课程建设、学校项目建设以及"三协同机制"。如此一来，学生既可以直接表达诉求和意见，不断激活其创造性和可能性，又可以充分体会到尊重感和担当感，不断获得自主发展的自我意识。另一方面，在教学过程中注重多元方法的统筹运用，即

---

① 清华大学附属小学．成志教育：小学立德树人的模式构建与实践探索 [J]．人民教育,2018(08):53−59.

用问题链驱动学生的学习志趣、用情景浸润调动学生的真实情感、用学习工具撬动学生的深度思辨、用平台搭建促进学生的交流互动。可以说，这四种关键方法贯穿于每位学生的学习全过程，能够有效地联结学习内容的原生价值与学习需求的生长点，并以足够强劲的动力系统加深学生的学习意志。

3. 搭建年段"三进阶"体系，科学延长立德树人工作链条

由于采用的是六三学制，学生需要在清华大学附属小学度过 6 年的发展期，时间跨度较长。这也是学生快速发展的关键期与学校立德树人工作的形成期，必须从开端就打好基础。学校从长远规划出发，科学考虑儿童身心发展特点、学制年限等因素，将 6 年学习期分为低、中、高三个学段，分别对应的进阶目标是"启程—知行—修远"，成功将"成志教育"目标整体浸润在学生学习的全过程。值得一提的是，纵向发展的进阶体系被精心设置了更具体的育人目标，用以指导和评价育人工作。具体而言，启程阶段更注重"打基础、激兴趣"，这是因为学生刚入学，各类习惯还未养成，本身所具备的天赋也有待发现，具有很高的随意性。随着年龄增长和学习经验累积，学生进入知行阶段，此时生理、能力等差异开始凸显，需要着重关注意志力、行动力等方面，不断培育学生的乐趣。当进入高级学段时，育人工作也循序渐进到修远阶段，此时要更加关注学生的理想抱负、担当感恩等精神价值情况，要充分激

发他们的志趣。至此，对学生的 6 年培育工作结束，在"三进阶"的培育下，清华大学附属小学的学生将带着"成志"梦想继续前进。

4. 构建立体式自我评价激励体系，及时关注育人成效

及时对育人效果进行评价是清华大学附属小学采取的又一重要举措，通过持续跟踪，可以累积大量学生发展数据，进而掌握学生发展实际情况，有利于对育人实践进行总体分析与深化提炼。在评价标准上，学校并没有采取单一的"学业成绩"指标，也没有完全依赖于教师评价，而是构建出一套"过程数据 + 关键事件 + 榜样引领"的自我评价激励体系。其中，"过程数据"分析结果可以作为每位学生个性化分析报告的编写依据，横向追踪主要包含学业水平、道德品质以及体质健康三个方面，纵向追踪主要记录学生"三进阶"个体成长轨迹，以横纵相连实现对学生评价的初步全覆盖。"关键事件"主要由学生自主选择文字、图片等形式，对自己的课堂学习、主题活动等重大事件进行记录和评价，而且这些记录会被编排成电子档案，要定期反馈展示，让学生看到由自己亲笔画出的成长历程中的意义时刻。"榜样引领"则是要求学生主动向自己的榜样看齐，不断激励自己实现自我突破，最终成为他人的榜样。为了对学生进行鼓励，学校推出了"我是成志升旗手""成志目标小达人"评选等活动，利用校刊、水木童心电视台等平台进行宣传推广。总而言之，立体化的

自我评价激励体系有效地增强了学生对标进阶的热情和信心，也进一步巩固了育人实践效果。

5. 制定校本化学习手册，凝练立德树人工作经验

清华大学附属小学注重对育人经验进行总结凝练，鼓励师生共同创新。为了贴合学生的能力水平与提高学习效率，学校不断细化育人目标，形成了"一说一歌一口诀"的系统化儿童话语表达，如《成志少年说》《我爱运动歌》《成志养成三字口诀歌》。除此之外，学校还开发了课程手册、实施指南等一系列校本化配套资源，如配套学科的《质量目标指南》《乐学手册》、指导实践的《成志少年实践活动实施纲要》《成志少年实践活动目标指南》《主题实践活动课程手册》。[①]总体而言，朗朗上口的话语表达有利于学生进行记忆，详细通俗的实施指南有利于教师进行实践，这两种方式极大地改善了育人实践效果，体现了学校育人工作的突出成绩。

（三）主要特征

1. 价值性与融合性

"成志教育"最重要的创新之处在于，极大地突破了知识

---

① 清华大学附属小学.成志教育：小学立德树人的模式构建与实践探索 [J].人民教育,2018(08):53-59.

学习的局限，明确指向价值体认，引导学生将个人价值的实现寓于社会与国家价值之中，以扣好人生第一粒扣子为基点，撬动个体的全面发展，体现了突出的价值性。"成志教育"在内容上吸收中华优秀传统文化的精华，在系统实施上以学科融合（1+X）为中心，主动连接生活和技术，全面推进课内课外一体化，不断放大育人的整体效应，体现了鲜明的融合性。

2. 广泛性与个体性

"成志教育"的开展是面向所有学生的，不受年龄、性别等因素的限制，在最大程度上扩展了适用范围。与此同时，"成志教育"也并未忽视学生身心发展过程中展现出的个体差异，在充分尊重学生身心发展规律的前提下，精心设计了多种课程与活动，确保每个学生都可以从中受益，实现了广泛性与个体性的统一。

3. 动态性与连续性

"成志教育"目标的实现是一个动态发展的过程。一方面，学生的发展历经"兴趣—乐趣—志趣"。最终实现"承志—立志—弘志"的过程，是由量变不断推动质变，直至最终目标的实现的过程。另一方面，在具体实施上，"成志教育"采取"三进阶"的模式，培育难度与深度依次递进，分别对应低、中、高年级的学生，阶段间彼此联系，前一阶段的发展成果是后一阶段的发展基础，呈现出高度的连续性。

4. 内生性与激励性

"成志教育"尊重学生的主体地位，主要表现为鼓励学生积极参与其中，如学生可以直接参与学校的课程建设、项目建设等环节，有效激发学生的主动性与维护学生的创造性，通过对学生自我发展的内生动力的不断强化，逐步形成长效的内生机制，减少对外界资源的依赖。为了进一步增强培育效果，学校还推行了立体式的自我评价激励体系，从"全员、全过程、全方位"引导学生进行总结与反思，激励学生不断寻求自我发展和自我进步。

（四）有益经验

1. 深入挖掘本土文化资源

一是积极传承和弘扬中华优秀传统文化。在漫长的历史发展中，中华民族之所以能够成为伟大的民族、始终屹立于世界民族之林，之所以历经磨难而愈挫愈勇、奋发奋起，一个重要原因就在于培育和发展了独具特色、博大精深的中华文化，为自身发展提供了强大精神支撑和丰厚文化滋养。[1] 可以说，中华优秀传统文化是中华民族的精神命脉和发展之根，必须进行传

---

[1] 孙雷. 传承弘扬中华优秀传统文化 [N]. 人民日报,2021-02-18(09).

承与弘扬。清华大学附属小学紧紧抓住这一要点，以落实立德树人根本任务为落脚点，从学科教学、活动设计等多个环节入手，通过丰富形式，不断融入中华优秀传统文化，以期实现对学生精神培育的全程浸润。如在弘扬革命文化方面，学校采取了走访革命圣地、寻找"第一面军旗"等活动形式；在了解学校教育发展历程上，以校史剧的形式，让师生通过角色扮演进行直观体验和感受，从而厚植爱国荣校情怀。

二是主动培育和践行社会主义核心价值观。2013年，中共中央办公厅印发《关于培育和践行社会主义核心价值观的意见》，要求"把培育和践行社会主义核心价值观融入国民教育全过程"。在党的二十大报告中，社会主义核心价值观的培育仍作为重点内容被突出强调。投射到教育领域，用中国化时代化的马克思主义武装头脑，推进习近平新时代中国特色社会主义思想进教材、进课堂、进头脑，是坚持不懈用社会主义核心价值观铸魂育人、培养新人的基本要求和根本保障。[①]清华大学附属小学严格按照立德树人总体要求，科学绘制任务落实表与路线图，以社会主义核心价值观为主线，积极研制校本化课程、教材，将德育、成志、学习三要素进行融合，最终实现横纵贯通的主题课程群的价值统整，通过全方位的社会主义核心价值

---

① 商志晓.在广泛践行社会主义核心价值观上下功夫 [J].红旗文稿,2022(24):45-48.

观引领学生扣好人生的第一粒扣子。

2. 坚持开展管理体系改革

一是创新变革组织形式，形成"成志"管理特色。与传统的年级分组、学科分组不同，清华大学附属小学采取的是段部管理和段长负责制，与"三进阶"体系相呼应。具体而言，学校将育人、科研、人事等管理相关职权直接置于学段之内，教师不受学科性质限制，可以实现全员育人。教室成了教师的办公室，每个班级配备一正一副两名班主任，共担育人责任。经过进一步统整，学校形成了"段部管理＋整合包班"的育人组合形式，这不仅是一项创新性举措，也有效打破了人事、教师之间的隔阂，真正建构起一个有力的育人共同体，为立德树人根本任务的落实提供了坚强支撑。

二是全面构建评价体系，拉长"成志"管理成效。清华大学附属小学构建的"过程数据＋关键事件＋榜样引领"自我评价激励体系成功地将学业与德育、自评与他评、定性与定量、横向与纵向等评价要点进行了融合，既能够观测出学生的实际发展情况，又能够对教师的作用进行彰显。可以说，这是一种极具科学性的评价方式，能够避免因"误诊"而产生的不良效应。更为重要的是，这个评价体系能够很好地激发出学生的主动性，将外在刺激渐渐转化为内生动力，将"成志"目标扎根于学生的头脑之中，使他们即使在毕业离校之后，仍然能够秉持"德"的信念继续前行，不断发展，将学校立德树人成效与时效不断拉长。

3. 不断提高育人资源利用效率

一是积极盘活校内存量资源，提高育人资源利用效率。清华大学附属小学本部位于清华大学校内，经过校园工程和文化建设，已经成为拥有七大建筑、十二大景观的书香校园，先进的基础设施建设为开展形式各样的教学和活动提供了便利条件。2011年，学校开始走出清华园，与朝阳区、昌平区等合作办学，进一步拓展创新的育人空间。值得一提的是，在高质量教师资源的利用上，学校采取"培训＋研究"的组合方式，既安排在职教师进行教学培训、访问交流等活动不断提升自身综合水平，又组织教师围绕教学实际进行教育研究，形成了"1+X课程"、校本化学习手册等一批优秀育人成果，获得诸多荣誉与奖项，真正实现了"资源输入—成果输出"的良性循环。

二是主动拓展校外增量资源，丰富育人资源总量与类别。清华大学附属小学作为一所百年老校，经过长期积累，不仅具备丰厚的校内资源，还与社会、高校院所、家长等其他主体保持着紧密联系，能够从中获取不同程度、不同性质的资源支持。一方面，学校通过成立家长委员会、聘请校外专家指导、开展校际合作等形式拓展校外育人资源，并积极组织学生参加国家大剧院"艺术之旅"、第十七届学生艺术节戏剧展演等活动，充分利用好本地的育人环境与设施。另一方面，学校坚持拓宽国际视野，积极搭建对外沟通桥梁，陆续组织师生前往美国、英国、日本等国家进行交流访问，邀请挪威作家、英超形象大使及教练、马来西亚赏识教育专家、美国著名课程专家等人士来校考察交流。可以说，学校既"走出去"学习成熟的育人经验，又"引进来"助力学校发展。

第五章

落实立德树人根本任务的问题剖析

　　党的十八大以来，在落实立德树人这一根本任务的进程中，无论是理论探究，还是实践推进，学界所取得的成绩都是有目共睹的。但我们也要清醒地意识到，面对社会变化和教育革新，仍存在一些亟待解决的棘手问题。只有清晰地认识这些隐患，并主动应对这些冲击和挑战，方可将立德树人根本任务落细落实。

一、内涵认知模糊影响根本任务实现

　　认知是行为的先导，这集中体现在认知对实践具有向导、规范、反馈以及调节作用等诸多方面。落实立德树人根本任务，首要前提是对立德树人的含义有清晰的认识。对立德树人内涵的认知，直接决定着立德树人实践的品性和效能，关系到立德树人能否有效开展与推进。换言之，如果人们对于立德树人的内涵产生认知上的模糊或者偏差，将大大阻碍立德树人根本任务的实现，倘若教育相关者对于立德树人"是什么""包括什么"都不清楚，更遑论将其落到实处。然而，在现实教育活动中，"立德树人"的口号被"贴在墙上，挂在嘴边"，在成为人们口口相传、耳熟能详的教育标语的同时，也面临着内涵认知模糊或者被曲解的危险。如果在口头上重视立德树人，但对其内涵及外延知之甚少或者张冠李戴，会导致立德树人在实施过程中成为"行动上的矮子"，内涵认知模糊成为实现立德树人这一根本任务的"第一道坎"。

（一）对于"立何德"与"树何人"的认知偏狭

立德树人，无论是作为教育的根本任务，还是作为学校的立身之本，均是对其价值及其意义的肯定。自有教育之日起，立德树人便应运而生。随着社会的变迁和教育的进步，立德树人被赋予了丰富的含蕴。与社会发展相适应，不同时代人们对"立何德"与"树何人"的认识是不尽相同的。如，在革命战争年代，为了培养大批革命者，立德树人要"立革命之德""树革命之人"。而在和平年代，教育需要培养大批的建设者和接班人，立德树人也必须与之相适应。可以说，"立何德""树何人"是立德树人需要回答的关键问题以及需要审慎对待的时代命题。但在现实当中，不少人仍然对立德树人认知模糊、笼统或者偏差。

其一，对于"立何德"的认知笼统。立德树人，立德为先。

《左传·襄公二十四年》有记载："太上有立德，其次有立功，其次有立言。虽久不废，此之谓不朽。"而"立德"是"三不朽"中最为重要和关键的。可以看出，古代贤人非常关注德业的树立。同样，虽然大部分现代人已经意识到了立德的重要性，但对于立什么德仍不够明确，对于立德的内在维度仍不够清晰，这一认知上的笼统会导致德育工作的形式化和表面化，进而消解立德树人的效果。

还有一部分人"囫囵吞枣"，将立德单维地理解为立大德，极力吹棒各种脱离现实生活的道德品性，疏离了立德树人的本质旨归。立足于词源角度，"德"是一个会意字，其最初的结构表达的是做人做事应当真诚正直，不偏离道路，直达目标。在后续的演化当中，又增加了"心"字，强调不仅需要按照准则办事，还应当在心中认可。这实际上点明了"德"的两个维度，一是内在的品德品性，二是外化出来的行为规范。习近平总书记指出："要把立德树人的成效作为检验学校一切工作的根本标准，真正做到以文化人、以德育人，不断提高学生思想水平、政治觉悟、道德品质、文化素养，做到明大德、守公德、严私德。"这一论述成为立德树人工作的基本要义。具体而言，明大德指的是明国家兴盛、民族复兴之大德，是能够心系国家和民生的崇高道德；守公德则处于道德体系的基础部分，公德是存在于社会当中的道德，是人们在共同生活之中遵守的基本道德规范和行为准则；私德是指私人领域用于处理个体之间关系的道德规范，包含个人的品德、作风等。私德是公德的基础。大德、公德、私德照应着道德的三个维度，共同组成了立德之整体。

其二，对于"树何人"的认知偏差。"树"意指"培育""造就""锻炼"，"树人"即指培育人才。"树人"一词最先出现在《管子·权修》当中："一年之计，莫如树谷；十年之计，莫如树木；终身之计，莫如树人。一树一获者，谷也，一树十获者，木也，一树百获者，人也。"① 管子将"树谷"、"树木"和"树人"相对比，强调树人的重要性和长期性。"树人"绝非一朝一夕、一蹴而就、简单培植之事，需经历漫长的成长周期，并提供优良的环境和充足的条件支持。而树人首先需要明晓的是其本身的概念内涵和基本要求，也就是清楚"树何人"这一关键性问题。但遗憾的是，不少人对"树何人"并没有形成清晰的认识，甚至存在混淆和偏差，具体表现如下。

一是认为树人就是培养成绩好、学习好的人。这是一种较为常见的认知上的错误。固然，在树人工作中，智育十分重要，但"智"并不能完全描述和涵盖"人"这一复杂体，因为人具

---

① 耿振东. 管子译注 [M]. 上海：上海三联书店,2014:22.

有多方面的发展潜力。党的二十大报告明确指出，落实立德树人根本任务，需要培养德智体美劳全面发展的社会主义建设者和接班人。树人之业需要培养的是全面发展之人，也就是树存有高远之志、美好品德以及坚定的理想信念之人；掌握系统完善的文化知识与技能，并能够加以运用之人；身心健康，拥有健康体魄与饱含青春活力之人；拥有审美素养以及高尚情操之人；能够辛勤与诚实劳作，并珍惜劳动成果之人。

二是将树人理解为追求"个体人"的成功，进而忽视"社会人"的培养。马克思指出："人的本质不是单个人所固有的抽象物，在其现实性上它是一切社会关系的总和。"① 因此，人之本质与其所处的社会历史阶段紧密联系，在不同的历史时期，对于"树何人"的具体要求也是不同的，如果仅仅关注人的个体属性而忽视其社会属性，最终将会被社会和时代所抛弃。中国特色社会主义进入新时代，我们需要培养的是能够为社会主义建设服务，能担当民族复兴大任的时代新人。基于此，我们需要清晰地认识到，新时代的"树人"工程不仅需要树"个体人"，更应该树能够有所贡献的"社会人"和"时代人"。

① 马克思恩格斯文集（第 1 卷）[M]. 北京：人民出版社,2009:501.

（二）对"立德"与"树人"的内在关系产生误解

　　立德树人最初是由"立德"和"树人"两个独立的词语组成的，并非一个整体性的表述。2007年8月，胡锦涛同志指出："要坚持育人为本，德育为先，把立德树人作为教育的根本任务。"[①]党的十八大更是将立德树人写进党的全国代表大会报告之中，自此，立德树人引发广泛关注。而之所以将"立德"与"树人"统一起来，是因为两者之间具有统一性和耦合性，内在联系紧密，目标趋向趋同。但是，在日常的教育生活当中，人们常常对"立德"与"树人"的关系产生误解，阻碍立德树人根本任务的落实以及深度推进。

　　其一，将"立德"与"树人"割裂。在教育领域，一些人将"立德"与"树人"分开理解，或将二者判定为并列关系，"立德"与"树人"的达成也需要分别进行。这种认知不仅忽视了"立德"与"树人"的协同效能，而且在很大程度上抵消了"立德"与"树人"本身的实施效果。习近平总书记指出："人才培养一定是育人和育才相统一的过程，而育人是本。人无德不立，育人的根本在于立德。这是人才培养的辩证法。"[②]立德与树人是辩证统一的关系，是一个不可分割的有机整体。

---

① 胡锦涛.在全国优秀教师代表座谈会上的讲话 [N].人民日报,2007-09-01(1).
② 习近平.在北京大学师生座谈会上的讲话 [M].北京：人民出版社,2018:7.

抛开树人谈立德，德就成了无本之木；离开立德谈树人，人就成了无源之水，立德树人是"立育人之德"和"树有德之人"的统一。[①] 同时，"立德"与"树人"也蕴含着"你中有我、我中有你"的关系。立德是树人的价值方向和基础条件，树人是立德的重要载体和有效形式，二者相摄相融，缺一不可。

　　其二，将"立德"与"树人"理解为一种偏正关系。有学者认为，立德树人是一个偏正词语，"立德"是为了"树人"，"树人"是目的，是教育根本的价值旨归。[②] 这种认知仅仅关注到了"树人"的意义，而在很大程度上忽视了"立德"的价值，很可能导致人们在现实实践当中抓"树人"而轻"立德"。实际上，"立德"与"树人"并没有高低之分和先后之说，两者同样重要，应同时融入对于人才的培养之中。而之所以在德智体美劳当中将"德"提出来，是因为"立德"在"树人"的过程中乃至整个教育事业中具有特殊而关键的地位，具体表现为：一是，"立德"当中包含着"树人"的部分。德为人之魂，人无德不立，人丧失了德，"非人也"。所以，我们可以说，"立德"的过程同样也是"树人"的过程。二是，"立德"贯穿于

① 冯建军.立德树人的时代内涵与实施路径 [J].人民教育,2019(18):39-44.
② 张澍军,苏醒.论"立德树人"根本任务与思想政治教育学科建设使命 [J].思想教育研究,2013(7):40-44.

"树人"的全过程和全方位。"立德"作为"树人"的基本前提和首要价值选择，一切"树人"活动都不能违背"立德"教育活动的根本旨趣。换言之，无论教育活动的效率和质量如何，都不能掣肘或者阻碍道德的发展。三是，如果从哲学的层面思考，"立德"更多强调的是价值理性，而"树人"更多关注的是工具理性。在工具理性的发展过程中，需要价值理性的牵制和引领，而只有工具理性和价值理性相结合才能达到完美状态。因此，"立德"同样对于"树人"起到一定程度上的牵制和引领作用。

（三）将立德树人视为学生德育工作

将立德树人理解为对学生进行德育是十分常见的认知偏差[1]，它将立德树人与"学生"和"德育"紧紧捆绑，进而致使立德树人根本任务成为窄化的、具体化的目标。

其一，认为立德树人仅仅针对学生。当问及立德树人时，大部分人最先想到的是针对学生这一群体的教育工作。的确，立德树人关键的关涉对象是学生，但关键的对象不等同于唯一的对象，如果立德树人仅仅着眼于学生，而不考虑其他主体，

---

[1] 虞花荣. 论立德树人的内涵 [J]. 伦理学研究 ,2020(6):82-87.

将会在一定程度上阻碍这一根本任务的整体性推进和实效性发展。实质上，除了学生，教师、教育管理者、教育政策制定者等都是立德树人工作中不可忽视的关涉对象。而在这其中，教师这一主体的品德和能力对于立德树人工作具有前提性和基础性作用。立德先立师，树人先树己，教育者的道德状况具备非常强的示范性，对于学生有很强的感染力和影响力。对于教育者而言，"立德"就意味着教师自身以德垂范学生，进而促进学生道德品性的发展与完善。

党的二十大报告强调，加强师德师风建设，培养高素质教师队伍，弘扬尊师重教社会风尚。这充分说明师德建设对于立德工作的重要意义。试想，若教育者师德不彰，怎么能够让学生信服所受到的教育，从而培养出有品行的学生？此外，教师的教书育人能力也在很大程度上影响着"树人"工作的落实。按照人民教育家于漪的观点，立德树人是教师最根本的基本功。认真备课，精心上课，有效把握课堂节奏，实现教书和育人的有机统一，并在其中练好自己的基本功，让课前预设和课中生成相得益彰，才能成为一个好教师，从而驱动立德树人的发展。总而言之，立德树人的内涵结构当中绝不仅仅包含学生这一个主体，这是我们首先需要澄清的。

其二，认为立德树人属于学校德育范畴。不可否认，学校德育是实现立德树人的重要途径。在德育内容体系中，理想信念教育、社会主义核心价值观教育、心理健康教育等是学校德育的主导内容。其中，理想信念教育是德育的核心，直接关系着立德树人的发展方向；社会主义核心价值观教育是学校德育的主轴，其如同一根红线贯穿于立德树人当中，为立德树人的推进和实施提供基本的价值导向。但是，立德树人是一个复杂的系统性工程，"立德"与"树人"两者都包含着对于教育总体性的深刻关怀，绝不仅仅是学校德育的命题。

在现实的教育生活当中，我们常犯两种认知上的错误：一是认为立德树人是学校的事。学校教育固然是立德树人的主渠道，但从场域上而言，立德树人必然是学校、家庭、社会协同合作的结果。当学校教育、家庭教育以及社会教育产生矛盾、隔膜或者对抗时，学校教育也会在很大程度上被干扰，从而抵消其自身的效力[1]。由此，要将立德树人教育根本任务落到实处，就必须革除学校、社会和家庭各自为政的认知拘囿，整合教育力量，从而实现优势互补，实现三者的相辅相成。二是认为立德树人是德育课程的事。学校德育课程是落实立德树人的关键课程，但这并不意味着其他课程与德育教育无关。习近平总书记指出："要把立德树人融入思想道德教育、文化知识教育、社会实践教育各环

---

[1] 黄济 . 教育哲学通论 [M]. 太原：山西教育出版社 ,2014:535.

节。"① 这就要求我们认识到，在落实立德树人这一根本任务的过程中，需要智育、体育、美育、劳动教育协同作用，将立德树人贯穿教育的全过程与各环节。

二、育人环境壁垒牵制根本任务实现

立德树人是在一定的环境下进行的。良好的、联动的育人环境是激发教育工作创新力、培养德才兼备人才的重要基础。② 当前，落实立德树人任务的育人环境还不够完善。在社会育人环境中，还一定程度上存在外部干预过多、重智轻德、评价体系和导向机制单一的弊端；在学校育人环境中，还一定程度上存在教学与德育分离、网络与现实脱节、空有物质基础而精神文化虚空的问题；在家庭育人环境中，还一定程度上存在家校二元对立、合作方式虚化、德育责任推诿等问题。这些因素或多或少、或隐或显地对育人环境建设产生消极影响，进而牵制立德树人根本任务的落实。

---

① 习近平在全国教育大会上强调 坚持中国特色社会主义教育发展道路 培养德智体美劳全面发展的社会主义建设者和接班人 [N]. 人民日报 ,2018-09-11(01).
② 曾天山 . 育人环境建设刻不容缓 [J]. 人民教育 ,2017(1):1.

（一）从学习到生活："功利追求"与"脱离生活"

尽管政府、学校大力呼吁"双减"，也迎来了"新高考"改革，但在应试惯性下，社会经济市场"丈量"个体价值的尺度依旧未变，应试教育的功利化倾向并未消失，只是以更为复杂的新的样态存在，不知不觉间挤压了德育的时空。倘若依据分数决定高校招生录取的制度不改变，应试教育的整体立场就不能得到根本性的改观，德育工作就会仍然居于"说起来重要、做起来次要、忙起来不要"的地位。

其一，德育缺场是滋生利益最大化选择的"温床"，是造成学生校园生活和未来社会生活中诸多道德失范现象的缘由之一。学校将德育视为"为教学工作保驾护航"的工具——为了维护学校秩序和教学纪律，忘却了培养良好品行的育人使命；学生综合素质提升和品德培养所必需的社团活动、社会实践活动不断为学科教学让步；德育课时数减少、学校班级集体性活动"只闻其声，不见其实"。就业目标取向下，高考志愿专业扎堆填报，工科热、文科冷，实用类学科热、理论类学科冷，"饭碗"还是"梦想"的专业价值探讨引起广泛的社会舆论……应试教育环境下，学子们在经历了应试的厮杀与突围、面临社会身份的选择与转变时，如何葆有更多温情和责任，坚持理想和初心，是立德树人育人工作的题中之义。

其二，应试制度化导致德育教育性和生活性的放逐。应试教育助力学生社会化发展，提供学生理解社会、参与社会的育人功能式微，使介于高中和大学之间的学生，不得不经受单一与多元、规训与放纵、封闭与自由、确定与迷茫的冲击。在中学时代，学生沉迷"书山题海"，全心奔赴"命运攸关"的一场考试。在应试环境下，教师着重智能训练，培养学生的竞争素质；父母作为子女课业的"职业经理人"，为孩子规划从实验小学到重点中学、再到名牌大学的"晋升之路"。到了大学，老师、辅导员教导学生要好好利用大学的机会和资源，但很少有人教大学生未来怎么选择、怎么面对。学生不论能力如何、天赋怎样，都要在同一个筛子上反复筛选，经受大大小小的训练和检测，而"游戏规则"之外的内容变得无关紧要，真实的生活和真实的社会被隔绝在外。知性的张扬与德性的失缺，使学生的具体感受变得无关痛痒，从而对现实压力、责任担当、社会角色等充满"人间烟火"的道德生活的想象力日渐消弭。

（二）从业务到行政："各自为政"与"线性衔接"

当前，我国学校基本仍旧实行科层制的管理模式。学校各个部门有明确的任务分工、工作目标及相应的岗位职责，确保各部门工作持续推进；学校的行政系统有自上而下的权力结构，上级与下级之间进行单向指令性交流，以确保管理效率提高。这种泾渭分明、上支下派的组织属性赋予了学校工作专门化、部门化、局域化的特质，与落实立德树人所必需的全员联动和资源整合产生矛盾。这种矛盾在横向上表现为教学工作和德育工作的分离，纵向上表现为对育人问题的分歧和误解。

其一，科层制的组织结构导致德育和教学分离，立德树人的横向合力不足。学校教育工作被肢解为德育工作和教学工作两部分。德育工作包括班主任工作、党团组织的各项德育工作，由院校党委书记、德育副校长、德育主任统筹，由思政教师、德育教师、心理中心、大队辅导员贯彻落实。教学工作包括各学科的教学任务，由教学副校长、教务主任统筹，由各学科教师贯彻落实。在许多学校，由于机制运行差异或不同部门竞争等因素，德育工作与教学工作之间逐渐树立起一道"天然屏障"。比如，教学副校长和教务主任只抓教学，认为德育工作是德育副校长和德育主任的分内之事；学科教师只将学生课本知识的吸收作为教学重点，认为在自己的专业教学领域中融入道德教育元素、思想政治教育元素的价值不大，回避学科教学应有的德育责任；任课教师"只教书、不育人"的现象依旧存在——对学生上课捣乱、不专心听讲、不按时完成作业等行为放任自流，或是直接把这些问题"转嫁"给班主任，令班主任代行课堂管理职责。育人格局的粗放和分裂限制了立德树人工作的实效性，违背了教育影响的一致性原则，对于学生养成内外一致、知行合一的行为习惯极为不利。

其二，科层制的组织结构导致上下之间的育人分歧，立德树人的纵向合力不足。由于学校管理层级划分鲜明，校级主管的育人理念往往以线性流动的形式向下传递，由各校级或院级的职能部门直接针对下属部门"上支下派"，再由各基层教师传递给学生。这一过程中容易出现部分环节的漏洞或问题，如因沟通不畅所导致的政策变异、由管理主义惯性带来责任下沉等。刚性的上下管理结构使基层师生对学校制度、育人理念的参与权以及知情权受到一定限制。此外，管理部门自身的责任、地位仍然"自我"化，部门职能与全员育人衔接不畅，弱化了全员的"全"字内核。领导层看似已经履行了"管理育人"的职责，实则只是粗略地将育人任务进行目标分解并下放至基层，承担责任的还是基层教师。这种责任下沉与班主任工作制下教师全权担责的情形并无二致，基层教师所承担的育人责任、德育职能有所增加，但这仅仅是工作内容的增多，并不意味着育人效力的统合，部门、上下之间真正有效的合作依旧匮乏。

（三）从物质到精神："硬件包装"与"名不副实"

当前，校园文化环境建设在许多学校中蔚然成风，基于周期短、见效快的特性，物质文化环境建设得到了学校的普遍重视，但多数学校未能对建成的物质基础进行系统解释和内涵挖掘，学生未能深入了解和熟习，致使育人资源的开发利用率不足。就精神文化环境建设而言，以升学为取向的应试价值观"催生"了求新求异的校园文化，但"盛名之下，其实难副"，由于没有底蕴的积累和时间的沉淀，精神文化环境建设无法凝聚为学校共识，致使育人的渗透力和持久力衰弱。

其一，学校的物质文化环境建设落入表面化、呆板化、器物化的窠臼。物质文化环境属外显性文化，是学校文化的重要载体，为育人工作提供了物质基础。为了优化物质文化环境，许多学校千方百计地争取办学经费，着力翻新校区、美化校园，将场馆建设、教学楼扩建、设备更新、橱窗文化角、墙壁宣传栏等工作作为学校物质文化环境建设的重心，努力使学校成为一个看起来"有文化""有氛围"的地方，有些学校因此被评为"花园式学校""庭院式校区"。但忽视对内隐文化含义的发掘的物质文化环境建设只是学校的"外包装"，这些装饰并没有给师生的个体生活带来实质性变化。在城区学校中，有些学校的实验室、科技馆、天文馆常年上锁，高级塑胶跑道、劳动试验田平日不开放，只有迎接检查时才开放。在漂亮的校园里，学生依旧学得很辛苦，教师依旧工作得很疲惫，没有更多的时间和机会体验先进设备，也没有心情享受校园美景，更无法感知学校设施的存在意义和育人价值，学校师生难以从外在器物中获得文化滋养。

其二，学校的精神文化环境建设步入标签化、空心化、趋同化的误区。为了贯彻特色化办学理念，一些学校提出响亮的口号，出台新奇的校训校规，乍看景象可喜，实则存在"为了特色而特色"的"贴标签"做法。部分学校在发展理念中规避了学校改革发展中"唯分数是问"还是"为了学生的全面发展"这一关键性问题，却在文字雕琢上刻意标新立异，使精神文化成为华而不实的标签。在内涵理解上，学校精神文化环境建设更多集中在知识技能层面，停留在传统艺术、体育竞技等个别项目的优势打造上，如培养体育特长生、器乐特长生，学生忙于考级、竞赛而压力倍增，使素质教育变为特长教育。在路径设计上，依然存在盲目移植同类学校、重点学校方案的做法，存在"区域领导关注什么就打造什么，社会发展流行什么就打造什么"的做法，失之与本校现实的精准契合。在实际效果上，口耳相传的育人理念尚未落实到教学实践中，如校训主张"学会学习"，教师还是按照习惯进行灌输式教学。此外，应试教育的"余震"也没有消失，精神文化环境建设学段分布失衡的情况依旧存在，从小学到初中、再到高中，学校精神文化环境建设的积极性呈现依次减退的趋势，这显然与各学段升学压力呈负相关。诸此种种，使学校的精神文化发展根基不牢、成长不稳。

（四）从实境到网络："工具存在"与"结构失耦"

网络拓展了个体的生活空间，使立德树人工作得以超越时空的界限。就其本质特征而言，网络德育兼具道德教育工作的目的性、实践性、超越性和互联网自身的虚拟性、开放性、交互性。这既为青少年的道德培养提供了新的机遇与可能，也给德育工作带来了压力与挑战。

其一，网络德育定位模糊，成为工具性、依附性的存在。目前而言，教育者对网络德育的性质认知不清，传统思维根深蒂固，仍旧将网络德育定位于技术理性层面的工具性存在——是实境德育的附属和补充，是开展德育的方式之一，而非德育的环境、场域。不能正确认知网络德育的地位，难以突破思维定式，以"旧思维"指导"新实践"必然引发网络德育的一系列问题。在网络德育实践中，存在将传统德育的"旧思维"生搬硬套于网络德育的做法，"换汤不换药""新瓶装旧酒"，造成学生"水土不服"。在实境教育中，迫于师道尊严观念的制约，学生不得不接受教师的耳提面命和硬性灌输，但网络世界的"去中心化"提供了海量信息来源，解构了教育者的权威。网络德育的惯用做法是建立网站或开设公众号，在网站或公众号上发布信息，那些说教意味浓厚、老生常谈的教条，在令人眼花缭乱的网络文化中显得苍白无力。无视学生的主体地位和接受方式，只是将"面对面"灌输变成了网络世界的"键对键"灌输，必然激起学生的逆反心理，进而导致网络德育陷入束之高阁、无人问津的尴尬境地。

其二，忽视网络德育和实境德育的关联和区别，未能以优势互补实现共同的育人使命。一方面，忽视二者的关联之处，致使网络德育"孤岛化"。从内容和形式上来看，网络德育与实境德育是同一主体、目标一致、贯穿德育全过程的两个不同方面，变的是德育的场域，不变的是德育的主客定位和根本任务。这就要求二者必须构建相互促进、相互融合的关系，否则，抽离现实的网络德育就沦为静止的、枯燥的、无生气的机械存在。另一方面，忽视二者的区别之处，未能尊重网络德育的特殊性。从特征上来看，网络德育和实境德育各有长处和短处：实境德育系统、紧凑，感染力和渗透性强，便于进行细致规划与全面设计；网络德育则自由、宽泛、灵活，交流双方地位平等，师生沟通零散化、平面化，难以判断对方的感受、表情、诚恳度。基于网络行为难以监管、易于伪装的特性，网络德育教育性功能的发挥便更多取决于它的吸引力和创新性，学生接受与否很大程度上依赖于个体自觉。这要求教育者在开展德育时充分尊重场域特征，特别是在主题选取上扬长避短、因地制宜。网络德育的主题应尊重学生的话语偏好，选取学生关心的、不会使其产生"被教育"感受的话题，而不宜选取纯粹探究学理、偏重理性认知的话题。

（五）从学校到家庭："二元对立"与"责任推诿"

立德树人是一项极其细致和复杂的任务，需要各个教育部门的通力合作。"只有加强不同教育部门之间的合作与联系，才能实现教育的逻辑一贯和整体化发展。这种逻辑一贯和整体化发展具体表现为学校教育、家庭教育和社会教育的有机结合，其中家庭教育是基础，学校教育是关键，而社会教育则是对家庭教育、学校教育的继续和完善。"①教师和父母是孩子成长中无可替代的教育者，落实立德树人根本任务建基于学校教育与家庭教育密切配合、相互促进、相辅相成的关系之上。在育人目标端正、教师着重引导、家长参与有力的教育环境中，家校合作共育机制良性运转，二者共同服务于德才兼备的人才培养工作；在育人目标异化、学校教师应付、家庭教育缺位、学生

---

① 顾明远, 孟繁华. 国际教育新理念 [M]. 海口：海南出版社,2001:28.

学业负担过重的教育环境中，出现家校二元对立、合作方式虚化、德育责任推诿等乱象。

由于道德教育领域没有明确的责任分工，学校与家庭在合作育人中各自承担的德育责任的"限度"不明，家校合作育人容易陷入二元对立的境地——要么期冀学校道德教育无所不能，要么痛斥学校道德教育"无用"，两种极端都会指向不良、不利的合作结果。

其一，就前者而言，学校德育万能论会将家校合作引向"校强家弱"的权力格局——家长作为育人的重要主体的地位被忽视，沦为学校教育的消费者、辅助者、旁观者，家长在家校合作共育中的话语权、参与权、决定权丧失。特别是在经济教育水平相对落后的地区，父母对子女道德培养的知识能力有限，他们将子女送进学校，几乎就是在思想上将子女的前程命运托付给教师，对学校道德教育的依赖性突出。在"校强家弱"格局下，家长对合作共育的参与沦为一种摆设、一种附庸，合作"共育"退行为学校"单育"或教培机构"盲育"①。

其二，就后者而言，学校德育"无能论"将家校合作育人引向表象化和虚无化。学校和家庭在追逐分数与升学率这

---

① 龙宝新,李海英."双减"背景下家校共育思维的转变与落地[J].苏州大学学报(教育科学版),2022,10(3):29-37.

一目标上达成高度共识，在道德教育和合作育人层面似乎也达成了某种心有灵犀的默契——执行指令、应付上级、虚与委蛇、草草了事，这使德育合作落入隔靴搔痒、名存实亡的尴尬境地。教师在时间精力有限的情况下往往会作出"就重避轻"的决策——以教学工作为重、以德育工作为轻，"老师们面临的升学压力也很大，都知道德育重要，但当务之急还是想办法提高学生成绩，家委会什么的只能是先放一边"[①]。在家长看来，升学压力已使他们焦头烂额，多余的家校合作育人活动只是平白浪费孩子宝贵的学习时间。

其三，由责任混同所致的德育责任推诿现象同样值得警惕。当学生的道德行为符合共同的教育期望时，教师和父母会认为是彼此教育有方；当学生的道德行为不符合共同的教育期望、发生矛盾和分歧时，即学生出现违规违纪的失范行为，父母往往归结为学校道德纪律教育抓得不严，是老师没有尽到该尽的责任。而教师则认为，自己对班级所有学生都是一样的教育，怎么偏偏你的孩子出问题。双方将造成不良后果的责任推卸给对方，对己方道德教育的内省和自查缺失，这不仅影响家校共育的效果，还会导致德育真空的隐患——学生在道德发展方面处于无人管、无人问、无人教的状态，

① 冯永刚.学校制度文化育人论[M].北京：中国社会科学出版社,2021:207.

无辜的孩子成为真正的受害者。

三、保障机制不力阻滞根本任务实现

立德树人是学校的立身之本，其成效是检验学校一切工作的根本标准，为落实立德树人的教育工作任务和发展素质教育，学校建立了一系列保障机制来提供支持。当前的保障机制仍缺乏一定的科学合理性，一定程度上阻滞了根本任务的实现，具体表现为以下三个方面。

（一）育人机制缺乏协同性

1. 全课程育人格局不完善

当前，课程思政成为思想政治教育的一种新型理念。这一理念注重在"授业"中"传道"，追求"化理论为道德"，在知识传授中强调主流价值引领，以人文素养涵育人心、培育人格，实现立德树人润物无声。然而，课程思政在将理念应用于实践的过程中，仍存在理念认知和认同不够深化以及育人合力有待加强等问题。

首先，部分学校和专业课教师对课程思政的内涵认知把握不够准确，导致实施过程中出现"生搬硬套""剪接拼接""两张皮"等现象。由于对课程思政理念认知不清晰，实践过程中容易出现一些错误倾向：有的学校认为课程思政就是增开一门新型的思想政治理论课或者增设一项活动，有的学校将其当作"一阵风式的教学理念"，采用传统的"命令式""快捷式""动员式"做法，要求各门课程在最短时间内完成课程思政的植入，不管什么课都生搬硬套地披上"思想政治教育"的外衣。课程思政本该是传播有温度、有厚度和有热度的知识，完成知识传授与价值引领的融合，可由于学校和教师认知不足、领悟不深、消化不够，导致课程开发与设计不足，影响了课程思政应有作用的发挥。

其次，少数专业课教师对践行课程思政认同不足，导致思想政治教育在专业课课堂的缺位。专业课教师如果想实施和发挥好课程思政的作用，就要把思想政治教育融入和渗透学生专业学习的各个环节和各个方面。这意味着教师要先主动提高自身思想政治教育素养，关注国内外形势，了解国家大政方针和战略以及社会热点话题等，从而能够深入挖掘和提炼专业课程蕴含的思想政治教育资源和价值范式，在传授知识的过程中提高学生的思想道德修养境界。

最后，思政课程与专业课程教师对协同育人意识缺乏思考，未打破岗位职责壁垒，教学状态相对封闭孤立。不同专业课教师的思政教育意识和素养、思政知识储备和教学设计能力因学科不同而存在差异，甚至与期望目标存在一定距离，再加上缺少可借鉴的经验，部分专业课教师对于课程思政的融入存在畏难和抵触情绪，无法积极参与学校课程思政的规划与设计，也无法进行教学反思以及对教材内容二次开发。

2. 两个课堂协同育人不足

学校课堂是落实立德树人根本任务的重要载体。其中，第一课堂是人才培养的主渠道，发挥显性教育功能，侧重于智力培养；第二课堂是课堂教学以外的育人活动，其生动性和主体参与性是实现育人功能所需的核心资源。因此，两个课堂地位并重，相辅相成，共同促进育人工作的目标与效果的实现。然而，在当前的课堂建设和实施中，两个课堂未能很好地协同配合、同向而行。

首先，立德树人的要求没有深入落实到两个课堂的教学实践中。就第一课堂来说，重专业教育轻思政教育的痼疾依然存在，导致学校对思政课教师的数量配备不足和素质要求不高。思政课教师是学校思想政治工作队伍的核心组成部分，可是，一些学校思政课教师的思想政治素质、道德情感素质、身心健康素质等职业素养以及教育引导能力、价值引领能力以及传统与新技术结合能力等工作能力与预期目标存在较大差距。此外，在教学方法上未结合新时代要求，未能摆脱说教与灌输的窠臼，导致课堂教学形式单一，缺乏吸引力和说服力，学生不感兴趣，参与度低。就第二课堂来说，并未受到应有的重视，一直被放置于从属地位。大多数学校只重视课堂理论知识传授和经验传承，在一定程度上忽视实践育人的价值。"人作为主体是通过自身的实践活动来参与和接受客观的影响，从而获得主体自身的发展。"[①]德育与生活密切相关，如果不将道德转化为实实在在的行动和体验，它就会成为空中楼阁，不能很好地引发人的感悟和思考，也就无法成为真正的教育。另外，我国在社会实践的体制机制方面仍不完善，对于学生参加社会实践活动的情况重结果评价而轻过程评价，这种评价导向导致一些学生参与第二课堂活动时具有强烈的功利心和利己心，违背了育人要求。

其次，两个课堂的组织队伍缺乏协同理念和共同目标，导致两个课堂协同推进不足。第一课堂教学主要由专任课教师负责，专任课教师往往只重视课上授课，忽视课后辅导与课后实践活动。第二课堂的承担者多为共青团组织、团委、二级学院或一些学生辅导员。在实际教育教学中，许多学校还未将第二课堂活动教学列入培养计划，也没有建立第二课堂导师指导制度，导致第二课堂的开展缺乏系统规划和专业指导。而且，负

---

① 赵巧玲，宗晓兰.高校实践育人研究 [M].长春：吉林人民出版社,2020:4.

责第二课堂的部门或成员缺乏专业思考，未能根据教育目标与要求来选择、组织与审视与现实情况相符合的第二课堂活动，导致活动内容缺乏科学性与合理性，随意性较大。如此，第一课堂理论教学与课后第二课堂活动内容脱节，缺乏互融互通，大大降低育人效果。

3. 全员育人机制尚未形成

立德树人工作是一项长期、系统工程，离不开学校、家庭和社会这三大圈层，通过课堂教学思政融入，学校服务与管理全程融入，家庭教育配合融入，社会资源开放融入，来整合校内校外各类育人资源，形成全社会共同关心和支持的横向联动体系。但就当前形势而言，学校与其他各方面力量尚未形成协同的联动机制。

首先，学校各级各类组织与部门这些主体没有全面地参与到育人环节中，联动效应低。在实际教育工作中，显性教育受到广泛关注和重视，专任课教师和辅导员是开展思想政治教育的主要队伍，但学校其他部门如行政管理部门与后勤部门的育人意识有待提高。比如，学生公寓是对学生进行思想政治教育和素质教育的重要阵地。宿舍生活占据了学生生活时间的一半左右，学生的价值观、生活态度、行为方式的形成和变化一定程度上会受公寓氛围的影响。然而当前学生公寓管理并未成为学校德育工作的重点。学生公寓管理要么片面强调制度规范的重要性，机械地、冷冰冰地执行制度、强化规范，导致学生与管理员对立；要么管理松散，不严格执行管理制度，使学生公寓成为违法乱纪的"温床"，事实表明，很多违法乱纪行为都发生在学生公寓。

其次，校外联动是育人工作的支撑，但当前校内校外联动育人不足。就家庭来说，学校与家庭协同缺乏互动交流常态机制。其一，家校联系多处于散漫、自发状态，一些学校没有建立如家庭教育研究会、家庭咨询指导会等专门的组织或机构来开展家庭教育咨询与培训。其二，家校合作内容单一、表面。双方多围绕学生的学业成绩与生活安全等进行联系，而忽略了对学生思想道德、心理健康、兴趣爱好与婚恋观方面的关注。其三，家校沟通方式与渠道单一，资源与信息交互受限。家校联系主要借助于电话、家校联系手册、家长会、微信群、QQ 群等传统方式，并未借助与运用新技术手段建立固定的信息交互网络平台，不能实时把握学生动态以更好地进行危机应对与干预。

最后，学校缺乏与社会资源的联动。学生参加社会实践所需的平台、政策和资源等是学校无法提供的，这就需要社会提供帮助。就政策联动来说，当前还未形成全社会共同支持学生参加实践活动的政策环境，学生开展社会实践活动所需要的财政支持和保障性措施需进一步发展和完善；就平台联建来说，学校和企业沟通与反馈不足，在共建契合学生成长成才需要的实践平台和实践岗位方面有所欠缺；就资源联动来说，学校与企业、当地政府之间的协作不足，在联动作用方面有待加强；就人文环境来说，社会还未建立起长效机制来优化社会环境和净化网络空间。现今网络空间中一些低俗、低质量的信息资源和文化作品对学生的价值取向和审美情趣产生了若干不良影响，大大降低了立德树人教育工作的实效性。

（二）激励机制缺乏有效性

教育活动中的主体是能动的人，人的自主性和创造性是需要激励的，所以学校立德树人工作离不开教育的激励机制。当下，激励机制在实施过程中仍存在一些不足。

1. 激励目标局限、狭隘

教育激励机制作为教育活动的内容之一，其目标应与教育目标保持一致。所以教育激励本质是一种以培养自由全面发展的人为目的的导向，引导学生实现自身价值。在激励机制诸要素中，激励目标起着导向作用，因此，制定合理、明确的激励目标是整个教育激励机制运行的基础和前提。然而，当前部分学校设置的激励目标并不合理。

受应试教育的影响，激励目标和奖项设置主要针对学生对于知识的学习与掌握，忽视了学生发展的层次性与个性化需求，专门针对学生特长所设置的奖项相对较少，导致一些有个性特长的学生得不到一视同仁的关怀。比如，很多学校都设置了学业奖学金以及"三好学生""优秀学生干部""优秀团员"等荣誉称号，其初衷是鼓励、表扬学生奋发进取，积极参加班级活动和社会实践活动，增强服务意识、合作精神和人际交往能力等，以提升综合素质。这种初衷是极好的，但在实际操作过程中却"变了味"。很多学校将学习成绩作为入围评选的门槛，一些在艺术、体育、思想品德、政治品质以及科技创新等方面表现确实优异的学生因为成绩不理想而无缘评选，这极大地打击了这部分学生的积极性。这种鼓励智育轻视五育均衡发展的激励目标，背离了当前我国所提倡的素质教育，对多层次人才的培养造成阻碍。

2. 激励方式失衡、重复

教育激励机制内容和形式多样，如物质激励、精神激励、情感激励、奖惩激励等。每一种激励形式都有其特定的功能，它们并非完全孤立，而是相互交融与渗透。然而，在具体实施过程中，出现激励方法单一、失衡问题。

首先，有些教育工作者对奖惩激励存在错误认知，片面认为只有奖励和肯定才是激励，忽视、否定惩罚的激励作用。如孔子所言："举直错诸枉，则民服，举枉错诸直，则民不服。"（《论语·为政篇》）意指只有奖赏、提拔正直之人，惩罚不正直之人，百姓才会服从。在教育活动中亦是如此，惩罚和奖励都是激励的手段，绝对地否认惩罚在激发学习动机中的必要性和有效性是不现实的，只有对学习不努力和品行较差的学生给予惩罚或教训，才能激发他们的积极性，提升其自我提高内驱力，从而消除不良行为，化消极因素为积极因素。而且，对一个集体而言，有时惩罚更可以直接产生正强化的激励力量。所谓"稂莠不除，嘉禾不茂"。如果错误的思想和言行不被惩罚和纠正，良好的班级风气难以形成。个人总是在一定群体中存在和发展的，如若班级风气不好，将不可避免地对个体进步和发展带来不利影响。

其次，激励机制在实践过程中过分追求激励载体的物质化，忽视了精神奖励的主导地位。奖励的根本目的是使学生建立内部的自我激励机制，频繁设置评奖，追求物质奖励的现象与奖励的根本目的背道而驰。比如，有些家长和学校用奖品来奖励孩子，把奖品作为一种"诱饵"，来诱导、督促孩子努力上进，这一定程度上会强化孩子的优秀行为，但也会导致孩子的兴趣集中在奖品上，使得学习成为获得奖品的附加行为。而且，物质奖励要想持续地发挥作用，就要不断地进行"更新换代"，这种"更新换代"很容易养成孩子的拜金主义和攀比心理，奖励的目的和价值便无从实现。

最后，激励方式重复，缺乏创新性。心理学的研究成果表明，当对人的刺激过于频繁时，他们就对激励的这种刺激变得逐渐麻木，其反应就大打折扣。长期以来，学校和教育者对学生的奖励和操行评语总是千篇一律，恰是"年年岁岁话相似，岁岁年年奖相同"。年深月久，学生便觉得平淡无奇，腻人乏味，鼓舞和激励作用也就淡化了。

3. 教育激励环境待优化

教育活动总是在一定的环境中进行的，所以，教育激励也离不开环境的作用。每个激励者和被激励者的思想观念、价值取向、行为方式无不受周围环境的影响。在潜移默化的、无影无形的影响下，人在不知不觉中受到心灵的感染，使其思想感情发生变化。正是由于这种内隐性，教育激励环境容易被教育者忽视。

首先，就学校环境来说，它是学生主要的生活场所，对学生的影响是最大的。校风校训、校园文化、学校民主管理水平以及学生在集体中的地位等都潜移默化地发挥着无意激励的作用。然而，一些学校的校风、学风和教风建设不同程度地存在一些问题，比如形式主义、官僚主义、纪律涣散、考试作弊、从教不廉等，导致校园人文环境激励氛围淡薄。另外，教师的素质和能力如品德修养、治学态度、人格影响力以及师生感情基础等综合效应也是一种很强的激励因素。但在现实生活中，一些教师并不重视表率激励，在以身作则、以德树人方面有所欠缺。还有少数教师在教育活动中强调自我免受制约的自由，使得无视规则、赏罚不明、奖惩不公等现象时有发生，导致激励机制无法有效地运行。

其次，从家庭环境分析，家庭是孩子成长的第一个社会，家庭环境对孩子的教育具有基础性、持久性的影响。当前，有些家长不善用科学的激励手段进行正向引导，对孩子的激励往往带有较大的强制性和专断性。有时是"爱你没商量"，有时则是"打你没商量"，有时是喋喋不休的唠叨，有时是用令人恐惧的方法和手段，使得教育激励活动往往事与愿违，甚至酿成悲剧。而且，家庭中不科学的激励手段也在一定程度上抵消了学校的教育作用，自是无法形成合力，削弱了激励效果。

最后，就社会环境来说，网络技术发展迅速，网络活动已成为当代大中小学生的生活方式和交往空间的重要组成部分。大众传媒在提供娱乐的同时也带来了一些负面的、消极的影响。如，一些网络视频过多地呈现暴力情景，极易诱使青少年产生效仿行为，网络间接成为青少年违法乱纪的"帮凶"。所以，当下不良的社会网络环境，桎梏了立德树人根本任务的落地落实。

（三）评价机制缺乏科学性

1. 教育评价偏智轻质

教育评价应牢牢立足于立德树人这一根本任务，以促进学生全面发展为根本价值取向。然而，当前教育评价过于重视结果导向，造成"唯分数论"霸权，人的价值被分数、论文等外在标准所奴役。

一直以来，知识和技能是教育评价的主要标准。考试成绩固然可以检验学生的知识掌握程度和素质发展水平，但若将"学习成绩"和"学习结果"与"学生素质"直接画等号，就意味着受教育者在教育活动中复杂、丰富的精神变革被量化表征为一组数据，而数字景观背后的人的心灵和完整人性却被轻视甚至遗忘，就"出现教育评价中既没有'教育'也不见'人'的悖论"①。当前，学生学习评价活动呈现出逐级压缩教育对象的不合理取向，即由评价"学生"压缩为评价"学习"，由评价"学习"压缩为评价"认知"，由评价"认知"压缩为评价"知识习得结果"。如此，学生学习评价最终落在评价"知识习得结果"这一狭小层面，遮蔽了知识背后所积淀的智慧、价值和意义，剥夺了人追求智慧、寻找价值和探索意义的深层次权力，压制了人的情感、态度、审美与道德能力等综合素质的发展，最终使其成为一个不完整的人。②

其次，在教师评价体系中，教师的知识水平、教学能力与

---

① 石中英.回归教育本体——当前我国教育评价体系改革刍议 [J].教育研究,2020,41(9):4-15.

② 冯永刚：学校制度文化育人论 [M].北京：中国社会科学出版社,2021:228-230.

工作量、论文数量与刊物级别等是主要评价标准。它们直接关系着教师的录用招聘、评职晋升和评优奖励，而德性修养并没有涉及，这一定程度上削弱了教师开展德育工作及加强自身道德建设的兴趣与热情。而且，一些教师为了完成考核任务和绩效，被工具理性所裹挟，在投入和产出之间疲于应付，遮蔽了德性的力量。

2. 教育评价名目繁多

当前，我国教育评价力改从前评价主体单一的情况，评价主体呈现多元化趋势。学生、教师、家长、政府、媒体以及各种社会机构逐渐成为强有力的评价主体。不仅如此，各评价主体开发出各种各样的评价名目，彼此之间缺乏目标上的一致性和操作上的协调性，严重扰乱了学校正常的教育教学和评价秩序。

在学生评价方面，学校和社会用人单位存在浓重的厚才轻德观念。学生的课程成绩、论文数量、学历学位、奖学金、荣誉证书、四六级证书、计算机等级证书等被长期评价。而且，学生要面临的考试一轮接着一轮，不仅在学校考试，找工作也要考试，各种笔试、口试、机试、面试、个试、群试、实操考试等使学生压力倍增、精神焦虑，本就薄弱的思想道德教育在繁重的课业压力面前更加苍白无力。另外，教师也同样不堪评价之扰，心力交瘁。如今，教师的教学、科研、品德、言行被各种官方机构和民间组织及个人评判。有的评价既烦琐无聊，耗费教师大量的时间和精力，又主观随意，容易招致各种无端指责，以至于许多一线教师颇感无奈："一年到头，我们不是正在接受评价，就是准备要接受评价。"

教育领域的竞争日趋激烈，教育和人才评价结果所带来的无限荣光催化着教育评价演变为学校、教师以及地方政府的生存竞争。时下，"双一流""千人计划""万人计划""长江学者奖励计划""杰青""优青"等都是国家级项目，学校、教师希望在这些竞争和评价中争有一席之地，以获取荣誉、地位、资源、利益。毫不讳言，"金钱和声望带来的重要性正在代替原则和理性"①。一些学校和教师将重点放在这些评价上，追随评价标准和要求，无法静心钻研教学、潜心安心从教，阻滞了学校立德树人工作的正常开展。

3.评价程序缺乏规范

由于思想品德的内隐性和德育显效的长期性，很多学校并未将德育工作放在首位，也没有建立专门的德育考评工作领导小组，而由班主任、辅导员、学生干部执行评价工作，这使得学校德育评价工作下移，导致德育评价丧失权威性。学校的不重视导致评价主体对德育评价工作持应付态度，在评价过程中

---

① [美] 刘易斯.失去灵魂的卓越:哈佛是如何忘记教育宗旨的 [M].上海:华东师范大学出版社,2012:1.

带有很大的主观随意性，形式主义削弱了评价效果。

首先，评价主体对德育评价工作重要性认知不清晰，导致德育评价目的迷失。少数评价主体认为德育评价只是学校管理工作的一部分，或只是对学生进行评优奖励的依据，忽略了它对学生道德发展的激励与教育功能，因此在德育评价实践过程中存在盲目性，往往只做评价而不做指导，或只做指导而不做评价，这使学生无法在德育评价中受到启发和教育。

其次，一些学校没有明确的德育评价标准，开展学生道德评价活动时考核指标片面、随意，不能准确、全面地反映学生的道德修养水平。一方面，有些学校只重视对学生外部行为的评价，如以出勤次数、学习勤奋度、参加活动情况等作为衡量准则。这种以观察记录学生日常行为表现来进行品德评价的方式容易导致学生表现出与本意无关的虚假优秀行为。另一方面，有些学校只凭借学生思想政治课程考试分数评判其道德水平，学生在文体竞赛、志愿者服务、班级活动等领域的行为表现并未被纳入评价指标，具有明显片面性。而且，一方面题目设置本身有局限性，另一方面学生的取悦心理会影响真实答案填写。

最后，评价主体存在不良心态，使评价的公正性、客观性受到质疑。有些评价主体不能公正客观地落实加减分项目，只采取高分评价，不做减分处理，这会使真正表现优秀的学生出现不满情绪和消极态度，导致他们对德育评价产生错误认知，认为其可有可无，在之后的实践中缺乏自觉接受管理的内生动力，无法实现自我教育和自我提高。另外，有些评价主体不能一视同仁，依据个人好恶打分。对自己关系好的学生给予高分评价，对不喜欢的学生则给予低分评价，这严重挫伤了后者提升自身道德修养的主动性和积极性，使他们对德育以及德育评价工作失去信心，进而将学校立德树人工作推向尴尬境地。

第六章

落实立德树人根本任务的机制完善

党的二十大报告明确指出："育人的根本在于立德。全面贯彻党的教育方针，落实立德树人根本任务，培养德智体美劳全面发展的社会主义建设者和接班人。"[①]这一论述指明了立德树人的目标引领。为全面贯彻落实立德树人的根本任务，实现其价值引领，本文基于"立德"和"树人"并举的视角，着力建构、完善以立德树人为根本任务的协同落实机制，建设立德树人"教育共同体"，构筑全环境立德树人格局，从全局出发，运用系统思维，发挥上下齐心协力、通力合作、优势互补、协同育人的整体效应，加快推进教育现代化、建设教育强国、办好让人民满意的教育。

一、形塑符合角色身份的立德树人目标

教育是面向人的，首要的就是要回答好培养什么人的问题，"以德为先、德才兼备"是教育自始至终追求的人才培养目标。

---

① 习近平 . 高举中国特色社会主义伟大旗帜 为全面建设社会主义现代化国家而团结奋斗 [M]. 北京 : 人民出版社 ,2022:34.

"立德为先、树人为本"，新时代教育要始终秉持德育为先和以人为本的教育理念，不断引导人、塑造人和发展人。"立德"体现了人之为人的根本，"树人"体现了人才培养目标的全面性，只有将两者有机结合在一起，才能形成符合现代社会需求的人才培养目标体系。这就需要着重回答好"立什么德、树什么人"的问题，即明确角色定位，进而能够根据时代需求和受教育者自身特点提出切实的目标要求，为落实立德树人根本任务指明前进方向、增添实践动力。

（一）"立德"对受教育者提出的目标要求

无论是党的二十大报告提出的"推动明大德、守公德、严私德，提高人民道德水准和文明素养"[①]，还是习近平总书记在全国教育大会上提出的"加强品德教育，既有个人品德，也有社会公德、热爱祖国和人民的大德"[②]，都指向了国家、社会、个人三个层面，为各级各类教育落实立德树人根本任务指明了目标方向。

在国家层面要培养立"大德"的人，立的是理想信念之德，

---

① 习近平 . 高举中国特色社会主义伟大旗帜 为全面建设社会主义现代化国家而团结奋斗 [M]. 北京：人民出版社 ,2022:44.
② 习近平 . 论党的青年工作 [M]. 北京：中央文献出版社 ,2022:173.

即共产主义远大理想和中国特色社会主义共同理想。共产主义远大理想是我们要实现的最终理想，它并不是一蹴而就的，需要一代又一代有志青年的接续奋斗，当前致力于实现中国特色社会主义共同理想的这一阶段性目标，就是为实现共产主义远大理想所迈出的坚实一步。共产主义远大理想与中国特色社会主义共同理想的实现背后，离不开理想信念的助推作用。习近平总书记多次强调理想信念的重要性，理想信念作为受教育者自身的精神支柱，一旦缺失就会得"软骨病"，不仅迷失了未来的前进方向，也失去了为之奋斗的精神动力。当前，面对社会思想观念和价值取向日趋活跃、主流和非主流并存、社会思潮纷纭激荡的新形势，加之受教育者身心发展具有多元性、不稳定性，如果不坚持对受教育者加以长期教育和引导，就很容易淡化受教育者的正确价值认同，致使其偏离正确的人生方向。因此，必须加强理想信念教育，强化思想引领，才能筑起受教育者坚实的信念之基，以坚定的理想信念指引前进方向。首先，要督促受教育者强化理论学习，包括马克思列宁主义和马克思主义中国化时代化的理论成果，尤其是习近平新时代中国特色社会主义思想的学习，要用其武装头脑、指导实践、推动工作。其次，要引导受教育者坚持学思结合，凡事都要问个为什么，真正做到理解所学知识，筑牢思想根基，坚定对党和国家的政治认同，即做到学而信。最后，要鼓励受教育者做到知行合一，能够自觉将学习成果转化为坚定的理想信念，内化为个人行动的理论指南，自觉做共产主义远大理想和中国特色社会主义共同理想的坚定信仰者和忠诚实践者，即做到学而行。

在社会层面要培养立"公德"的人，马克思深刻指出："人的本质就在于一切社会关系的总和。"① 从总体上而言，社会公德涵盖了人与人、人与社会以及人与自然之间的关系，旨在通过调节和改善人际关系、构建和谐社会、促进人与自然和谐相处，塑造一个健康有序的社会环境。社会公德是维系社会成员之间关系和社会稳定的最起码的道德秩序准则，是整个社会道德体系中最坚实的基础和支柱，它对每一个现实的、感性的人及其实践活动都提出了目标要求。为此必须加强社会公德教育，引导受教育者在社会交往、生产生活中自觉遵守社会道德行为规范，使之成为日用而不觉的道德规范和行为准则，进而促进社会文明秩序的构建。对于受教育者而言，关键在于教育引导其从日常小事做起，把以文明礼貌、助人为乐、爱护公物、保护环境、遵纪守法为核心要求的社会公德规范落细落小落实，自觉养成良好的社会行为习惯，不断提升个人道德素质。例如在生活中能够与人为善，尊重、爱护、团结他人；在公共生活领域能够自觉遵守公共秩序、爱护公共财产；在自然领域能够

---

① 马克思恩格斯选集（第 1 卷）[M]. 北京：人民出版社，2012:135.

尊重自然、爱护环境、保护自然。在实践中培养受教育者的社会公德意识和责任感，引导受教育者在细微处落实好文明行为，在举手投足间提升道德境界，努力成为遵守社会公德的典型模范。

在个人层面要培养立"私德"的人，重在受教育者内在德性的养成，培养个人良好的品德修养。与其他层面的道德要求不同，私德更加强调受教育者内心的道德律令，以内在的良心为准绳来规范自身的行为。私德培养的是有道德的人，"立德为先，修身为本"，品德修养是一个人立身处世的根本。私德教育有利于锤炼个人品德，帮助个人形成正确的道德认知，践行规范的道德行为，提升自身的精神境界。哪怕一个人学识渊博，智力超群，如果品行不好，也无法成为对社会有用的人才。因此必须加强私德教育，才能有助于个人培养出良好的道德品质。对于受教育者而言，就是要引导其严格约束自己的操守和行为，以社会主义道德规范为准绳，不断修身立德，打牢内心坚实的道德根基。一方面要自觉认识到私德养成的重要性，不断学习理论知识，掌握修身养性的科学方法，真正做到将道德观念内化于心、外化于行；另一方面要以正确的道德认知来指导自身的行为，积极进行道德践履，将正确的价值观念融入日常的生活实践。总之，只有不断加强私德教育，才能助力个人知识水平、能力技能以及综合素质的不断提升，激发新时代奋进力量，肩负起建设祖国的使命担当。

（二）"树人"对受教育者所提出的目标要求

教育的根本任务是立德树人，培养德智体美劳全面发展的社会主义建设者和接班人，培养担当民族复兴大任的时代新人。从根本上回答了培养人的目标问题，对"树什么人"提出了明确要求，体现了人才培养目标的根本性和全面性。

一是培养社会主义建设者和接班人。"为党育人、为国育才"是教育事业始终不变的目标导向，也是坚持立德树人、推进教育现代化的根本遵循。习近平总书记在 2018 年召开的全国教育大会上指出："我国是中国共产党领导的社会主义国家，这就决定了我们的教育必须把培养社会主义建设者和接班人作为根本任务，培养一代又一代拥护中国共产党领导和我国社会主义制度、立志为中国特色社会主义奋斗终身的有用人才。"[①] 这为教育事业赋能中国特色社会主义伟大实践回答了"为谁培养人"的问题。首先，一个合格的社会主义建设者和接班人要做到拥护中国共产党的领导，党的领导具有根本性、全面性，要教育引导受教育者深入学习、领会党领导人民百年奋斗取得的历史性成就，真正体悟

---

① 习近平. 论党的青年工作 [M]. 北京：中央文献出版社 ,2022:170.

党全心全意为人民服务的根本宗旨，从内心深处认可、拥护、热爱中国共产党，自觉做到听党话、跟党走。其次，要坚定维护社会主义制度，尤其是当前各种思潮相互碰撞，更要坚定自身政治立场，敢于同各种歪曲、扭曲社会主义制度的言论作斗争，不断强化自身的使命担当。最后，要立志为中国特色社会主义伟大事业贡献力量，中国特色社会主义事业既是前进的，又是曲折的，需要一代又一代青年敢于抓住机遇、迎难而上，以历史主动精神和责任担当意识投入伟大事业中。总之，只有紧紧围绕立德树人根本任务，才能不断培养出为中国共产党治国理政服务、为巩固和发展中国特色社会主义制度服务以及为社会主义服务的合格的建设者和接班人。

二是培养德智体美劳全面发展的人。"德智体美劳全面发展"既是对马克思主义"人的全面发展"学说的继承与发展，也是新时代落实立德树人根本任务的具体路径。德智体美劳是关乎人的发展的素质要求，集中体现为以"德"明确方向、以"智"增长才干、以"体"健全身躯、以"美"塑造心灵、以"劳"助力实干，五个要素既相互独立又相互联系，共同构成了人才培养的素质目标。新时代谋求德智体美劳全面发展，要加强德育，在加强品德修养上下功夫，教育引导受教育者培育和践行社会主义核心价值观，自觉学习中华传统美德，并内化为自身的品德修养；要加强智育，在增长知识见识上下功夫，真理的味道是甘甜的，要教育引导受教育者深入学习知识，拓宽视野，沿着求真理、悟道理、明事理的方向前进，并能够自觉将理论应用到实践中；要加强体育，树立健康第一的理念，身体是革命的本钱，要将健康摆在第一位，不断引导受教育者加强体育锻炼，增强体质、健全人格、锤炼意志；要加强美育，审美教育是陶冶情操、启迪心灵的教育，要坚持以美育人、以文化人，提高学生审美和人文素养，培养受教育者认识美、感知美、创造美的能力；要加强劳动教育，劳动是人的本质活动，要引导受教育者崇尚劳动、尊重劳动，培养受教育者正确的劳动价值观，并积极投入生产实践中，在奉献中感悟人生价值。新时代坚持"五育"并举，要准确把握"五育"之间的内涵逻辑，通过"五育"综合发挥作用，造就一批又一批品德高尚、知识扎实、体魄强健、心灵美好、尊重劳动的德智体美劳全面发展的人。

三是培养担当民族复兴大任的时代新人。随着中国特色社会主义进入新时代，"我们比历史上任何时期都更接近、更有信心和能力实现中华民族伟大复兴的目标"[①]。培养担任民族复兴大任的时代新人是立足于我国新的历史方位提出的育人目标，它充分体现了党和国家与时俱进的育人理念，反映出新时代立

---

① 习近平 . 高举中国特色社会主义伟大旗帜 为全面建设社会主义现代化国家而团结奋斗 [M]. 北京 : 人民出版社 ,2022:27-28.

德树人的目标指向，承担着推进中华民族伟大复兴的历史重任。时代新人作为我国在新的发展阶段的主体力量，国家对其理应具有的基本素质、精神面貌以及责任担当提出了新要求。在基本素质方面，习近平总书记在 2018 年召开的全国教育大会上提出了"六个下功夫"，包括要在坚定理想信念上下功夫、要在厚植爱国情怀上下功夫、要在加强品德修养上下功夫、要在增长知识见识上下功夫、要在培养奋斗精神上下功夫、要在增强综合素质上下功夫，为新时代培育担当民族复兴大任的时代新人提出了人才培养与质量评价的素质要求。在精神面貌方面，精神面貌是一个人学识、能力、素质等外化的显现，集中彰显了一个人的志气、骨气、底气。新时代青年要永葆奋斗精神、实干精神、创新精神，以昂扬向上的精神面貌做新时代的奋进者、开拓者、奉献者。在责任担当方面，实现中华民族伟大复兴是一代又一代中国人民矢志不渝所追求的目标，今天我们已经取得了历史性成就，在最后关头更要站得住、稳得住。当代青年生逢其时，施展才干的舞台如此广阔，更要以高度的责任感和使命担当将伟大梦想变为现实。

总之，"立德"和"树人"是相辅相成、有机统一的，"立德"的同时也是在"树人"。立德树人所要培养的既是明大德、守公德、严私德的人，也是德智体美劳全面发展的社会主义建设者和接班人，同样是能够肩负起民族复兴大任的时代新人。

"立德"和"树人"在教育的目标要求上具有一致性，都服务于受教育者的全面发展。因此，以目标引领方向，有利于立德树人工作的开展和落实，进而培养出具有坚定信念、勇于担当、德才兼备的党和国家需要的人才。

二、构筑全环境立德树人格局

全面落实立德树人的根本任务，要在育人方向、体制机制、教育改革、实施载体以及实施活动等方面下功夫，从宏观到微观、从理论到实践，形成全方位的立德树人"教育共同体"，构筑全环境立德树人格局。

（一）把握立德树人的育人方向

"落实立德树人的根本任务，坚持教育为人民服务、为中国共产党治国理政服务、为巩固和发展中国特色社会主义制度服务、为改革开放和社会主义现代化建设服务。"[①]我国作为社

---

① 习近平谈治国理政（第三卷）[M]. 北京：外文出版社,2020:328.

会主义国家，办学方向和育人目标是一致的，办学为育人服务，而育人则是办学的出发点和归宿。"四个服务"集中体现了我国教育始终扎根中国大地办教育，始终坚持社会主义办学方向，为落实立德树人根本任务指明了前进方向，提出了根本要求。

首先，坚持教育为人民服务，这是坚持以人民为中心的发展思想在我国教育领域的具体表现。坚持教育为人民服务在于让更多的教育发展成果惠及全体人民，让受教育者接受更高质量、更加公平的教育，充分发挥教育凝聚人心、培育人才、造福人民的作用。新时代检验办学成效的根本标准就是立德树人，立德树人回答的是培养人的问题，无论是在制度、目标，还是措施、方法等层面都应当始终坚持以人为本，紧紧围绕受教育者的成长规律和自身需求，办好令人民满意的教育。

其次，坚持教育为中国共产党治国理政服务，这是由党的执政地位和领导地位决定的。中国共产党领导是中国特色社会主义最本质的特征，是中国特色社会主义制度的最大优势，也是实现社会主义现代化的根本保障。为党育人、为国育才是我们始终不变的初心与坚实立场。落实好立德树人的根本任务，必须做好意识形态工作，培养一批又一批紧紧围绕党中央，支持、拥护党中央的人才，厚植党执政的人才基础，为改革、发展、稳定提供坚实的人才储备。

再次，坚持教育为巩固和发展中国特色社会主义制度服务。

中国特色社会主义制度是已经被实践证明了的，推动我国不断发展进步的根本制度，具有无可比拟的制度优势。落实立德树人的根本任务，要引导受教育者深刻把握中国特色社会主义制度的核心内容，坚持制度自信，在实践中自觉维护中国特色社会主义制度体系，行使人民当家作主的权利。

最后，坚持教育为改革开放和社会主义现代化建设服务。人民是历史的创造者，是推动国家社会经济发展的主体力量，必须始终发挥人民的主动性、能动性和创造性。落实立德树人的根本任务，要紧紧抓住国内外的发展趋势，为改革开放和社会主义现代化建设提供复合型、创新型人才，服务于中华民族伟大复兴的宏伟目标。总之，"四个服务"彰显了我国教育的人民立场和政治属性，只有紧紧围绕"四个服务"，始终坚持办学育人一体化，才能培养出符合国家发展和社会制度运行所需要的建设者和接班人。

（二）健全立德树人的体制机制

落实立德树人工作的根本任务，关键在于健全立德树人的体制机制，从制度层面为立德树人工作提供根本保障。在浙江师范大学举办的全国"立德树人落实机制"优秀案例学术研讨会上，将立德树人的落实机制划分为价值引领机制、动力机制、能力机制、合力机制和衔接机制，旨在通过完善立德树人体制机制，真正将人才培养工作落实落细。

一是价值引领机制，立德树人的工作本身就具有显著的价值导向。这就要求将国家所倡导的主流价值观念具体化为区域和学校的办学理念，使之成为学校立德树人工作的行动指南，确保地方立德树人工作实施的正确导向。立德树人关乎国家意识形态工作，要建设具有强大凝聚力和引领力的社会主义意识形态，才能铸牢社会主义根基，培养一代又一代党和国家所需要的人才。

二是动力机制，要着力发挥好评价和督导对立德树人工作的推动作用。评价和督导的作用在于能够及时发现问题，进而督促不同主体通过反馈结果及时修正问题，积极主动投身立德树人工作。因此，通过健全对学校、教师以及学生的素质评价体系，着力实现教、学、评一体化，综合考察立德树人的育人效果，针对实施不完善的部分及时进行优化，从而发挥出整体的育人作用。

三是能力机制，重在加强教师立德树人的能力建设。教师作为立德树人开展的主体力量，应当具有立德树人的责任意识，明确自身所肩负的责任与使命，继而在实际教学过程中设计、开发符合学生品德需要的德育内容，不断引导受教育者提升素质和能力。此外，学为人师，行为世范。教师往往成为学生有意识模仿的对象，这对教师自身品德提出了更高的要求，因此教师必须始终严于律己，以身作则，为学生树立良好的榜样形象，努力争做"经师"与"人师"的统一者，成为"大先生"。

四是合力机制，关键在于优化教育资源配置。教育资源从总体上来说包含人、财、物、时、空五大要素，落实立德树人需要对五大资源要素进行优化配置，包括师资队伍建设、教育财政支持、物质条件以及时空的利用效率等，形成整体的育人合力。

五是衔接机制，强调各个教育主体、各个教育环节之间的融合协同。新时代"三全育人"对立德树人工作提出了总体规划，从全员、全过程、全方位作出战略部署，旨在发挥更大功效。例如通过健全大中小学以及家校社一体化衔接机制，将立德树人工作贯穿在"三全"的大环境之中，推动立德树人产生更大的影响力和辐射力。

总之，健全立德树人各个方面的机制，能够强化立德树人的理论研究，为立德树人工作提供整体的、系统的引领，从而切实提升立德树人工作的实效性。

（三）基于立德树人的教育改革

党的二十大报告指出，"深化教育领域综合改革，加强教材建设和管理，完善学校管理和教育评价体系"①，落实立德树人根本任务，需要在课程设置、教材内容、教学过程以及学校管理等方面下功夫，加快形成充满活力、系统完善、不偏不倚的教育环境。

从课程设置来看，要改变长期以来重知识、轻素质的片面倾向，紧紧围绕"培养什么人、怎样培养人、为谁培养人"的总要求，优化课程设置。尤其是突出课程的德育功能，育人为本，德育为先，发挥德育在课程中的引领作用。一方面要严格落实好德育课程，保证其依规开设，不得任意减少课时；另一方面要充分挖掘其他课程的德育内涵，将思想政治教育与各科课程有机融合。

从教材内容来看，教材是学生获得知识的主要来源，教材涵盖的范围较为宽广，只要能对受教育者起到正面启发、教育、引导作用的，都是可以利用的教育资源。尤其是思想政治教材要能够根据教育目的和学生的身心发展规律，研制和编写富含德育内容的文本。从学科核心素养、关键问题、时代需求等层面出发，对整个学科体系的知识进行系统化梳理，突出重点和育人目标，使教材内容与时俱进、贴合实际、有序衔接。

从教学过程来看，教学要以立德树人为核心理念，进一步

---

① 习近平. 高举中国特色社会主义伟大旗帜 为全面建设社会主义现代化国家而团结奋斗 [M]. 北京：人民出版社，2022:34.

明确立德树人的教学目的和任务，增加知识的深度和广度。教学过程与育人过程是一致的，教学是实现育人的具体路径，教学必须坚持正确的政治方向，将社会主义核心价值观融入教育教学全过程。同时教师作为教育的主体力量，也要深入挖掘教材的思想教育资源，妥善处理好知识传授与思想教育之间的关系，实现教书与育人的统一。可见，教师在引导受教育者掌握知识的同时，也要教育受教育者做到明大德、守公德、严私德，引导受教育者实现由知识本位向育人本位的转变。

从学校管理来看，提升教育成效，必须把立德树人作为学校管理工作的出发点和落脚点。管理育人就是要把为学生发展服务的理念贯穿到制度管理、班级管理、教学管理以及行政管理等各个方面。一方面要不断强化学校全体教职工管理育人的责任意识，建立全员育人的岗位责任制度，明确学校各个岗位教职工的育人责任；另一方面学校也应当依据人才培养规律，不断探索管理工作的新模式，完善管理的体制机制，助力育人工作发挥其实效性，真正做到管理为学生服务，才能为学生的成长成才创造出有利条件。

（四）优化立德树人的实施载体

教育活动总是依托一定的实施载体才能进行，立德树人同样如此，思想政治教育内容的实施、方法的运用以及教育者与受教育者之间的良性互动等，都需要借助一定的形式和手段。因此，立德树人根本任务的落实需要合理利用各种载体，使多种载体相互补充、协同作用，切实增强育人的效果。

"以文化人、以文育人"是思想政治教育最常用的载体，对于立德树人根本任务而言，这一载体往往是在潜移默化、润物无声中影响受教育者的。文化本身就蕴含大量的思想道德信息，这一内在特质使其成为落实立德树人根本任务的有效载体。以文化为载体能够最大限度发挥文化对人的全面作用，潜移默化地感染人，提高人的文化素养和道德品质。对于受教育者而言，最为显著的隐性教育就是校园文化，推进立德树人工作要充分发挥文化载体的功能，以校园文化为引领，营造良好的育人环境。例如学校要高度重视校史馆文化的建设，校史馆不仅是学校历史的载体，还承载着学校的办学思想，是开展立德树人工作的拓展基地，是学生德育教育的重要平台。学校要充分挖掘自身的校史资源，积极开发学生喜闻乐见的校史文化传播形式，有效增强校史文化对学生的吸引力、感染力。

此外，学校要积极强化校风、校训的德育功能，良好的校风一经形成，就能助力以真善美为核心的同心圆效应得到最大限度发挥，成为影响整个校园生活的重要因素。校训不仅对师生的行为有指导和规范意义，还能产生强大的驱动力，能够使师生在潜移默化中将其内化为自己的价值尺度，并以此及时规范和调整自己的行为。因此，要善于利用校园文化，引导学生树立正确的价值取向，才能真正提升育人质量与效果。

除了校园文化载体，大众传媒也是当前十分重要的载体，"我们要加快推动媒体融合发展，使主流媒体具有强大传播力、引导力、影响力、公信力"①。大众传播载体以其覆盖面广、形式多样的特点，能够很好地适应教育现代化的要求，成为立德树人工作的重要载体。借助大众传播载体，能够有效创新教学方法、丰富教学内容，实现精准推送和精准评价，推进立德树人教育的泛在、移动和个性化学习体验。落实立德树人根本任务应当充分利用好网络工具，尤其是新媒体的运用，加强网络环境建设，发挥网络的育人功能，努力营造课内和课外、网络和现实全方位的育人环境。在思政课中运用大众传媒工具，要贯彻以人为本的教育理念，以学生为中心，契合当前学生认知、学习以及生活的特点，用学生喜闻乐见的方式来讲述理论、传递道理。例如，信息化时代下，传统的教学方式很难调动学生的兴趣，而新型的"互联网＋教育"模式受到更多欢迎。要将思政课和多媒体信息技术手段相结合，利用数字技术，打造思政微课堂、慕课等数字化、网络化的学习平台，以此激发学生的学习兴趣，扩大立

---

① 习近平谈治国理政 (第三卷)[M]. 北京 : 外文出版社 ,2020:317.

德树人教育的时空覆盖面，提高教育效果针对性和实效性。

除此以外，立德树人实施的载体还有很多，如管理载体、活动载体等，这些载体形式丰富多样，各自有其特点和范围，也具有一定的适用价值与意义，应当发挥多种载体的综合效应，引导受教育者逐渐养成良好的思想品德和行为习惯。

（五）强化立德树人的实践活动

实践育人是思想政治教育的重要环节，是落实立德树人根本任务的重要抓手。要把立德树人融入实践中去，培养学生在实践中检验知识的真理性，形成实践能力，养成实践德行。实践是课堂教育的延伸，要积极探索和建立社会实践与专业学习相结合、与服务社会相结合、与勤工助学相结合、与择业就业相结合、与创新创业相结合的路径，使学生在社会实践活动中受教育、长才干、作贡献，增强社会责任感。

一是注重实践要与专业学习相结合，在教学过程中，要格外重视实践教学，通过重构实践教学体系，打造新型实践教学模式，设计出合理的实践课程教学内容、进度和任务分工。例如借助主题演讲、红色影视作品赏析、课堂情境设置和案例讨论等课堂实践，传递主流价值观念，引导学生学思想、悟真理；利用虚拟仿真学习、在线课堂等虚拟实践强化理解认知。

二是注重实践要与服务社会相结合，立德树人培养的是社会所需要的人才，能够以所学知识积极投身于社会主义现代化建设中。学校要积极拓宽校外实践平台，通过社会调研、"青马工程"研学、大学生"三下乡"活动等课外实践途径，教育引导受教育者深入社会、深入基层，不断提升青年学生解决实际问题的能力，教育引导青少年积极承担社会责任。

三是注重实践要与勤工俭学相结合，勤劳节俭自古以来就是中华传统美德，也是对每个人最起码的要求。勤工俭学意在培养受教育者的劳动精神，教育引导受教育者崇尚劳动、尊重劳动，树立劳动最光荣、劳动最崇高的价值观念。基于此，学校要注重利用多种渠道开发劳动教育资源，通过多种途径丰富受教育者的职业体验，积极开展服务性劳动，使学生熟练掌握一定的劳动技能，从而自觉培养起劳动自立的意识。

四是注重实践要与择业就业相结合，教育引导受教育者以扎实的学识和专业的技能积极投身社会主义建设中去，将个人发展"小我"积极融入国家发展"大我"中去，逐步成长为德才兼备的栋梁之材。学校要把择业就业作为思政课的重要内容，从思政课育人的角度出发，结合专业背景，将职业道德、职业技能等相关知识传授给受教育者，充分发挥学校育人的主阵地作用，提高受教育者的综合能力素质。

五是注重实践要与创新创业相结合，在"大众创业、万众创新"的社会背景下，要着力增强受教育者的创新精神、创新创业能力。在推动大学生创业实践的进程中，瞄准学生成长和发展需要，有针对性地给予教育、帮助和服务。例如打造一批创新创业培训活动品牌，或者开展各类创新创业大赛，并鼓励学生积极参与其中，引导学生将理论与实际紧密结合，在活动体验中培养起受教育者的创新创业能力。

总之，将立德树人融入日常生活就是把理论性的知识和真实的生活体验结合起来，利用多种渠道引导受教育者将书本上的理论与现实生活相结合，让思政育人的效果更加鲜活和立体。

三、架构多维立体的立德树人协同机制

新时代落实立德树人的根本任务，需要依托"三全育人"，将思政教育有效渗透到育人的整体过程中，将立德树人贯穿于人才培养的始终。立德树人不是一个部门、一个人的事，而是需要多主体、多要素的协同，架构起多维立体的立德树人协同机制。因此，只有把立德树人作为协同育人的协同点和枢纽，使其有效贯穿部门协同、课程协同、教师协同以及"家校社"协同等，通过明确各个主体协同育人的责任，注重彼此之间的

联动与融合，才能达成育人共识，形成强大的育人合力。

（一）部门协同：坚持党委领导下的学校整体育人工作

办好中国的事情，关键在党，坚持党的领导是新时代贯彻教育工作的根本保证。为此，全面贯彻党的教育方针，"要建立党委统一领导、党政齐抓共管、有关部门各负其责、全社会协同配合的工作格局"[①]，坚持党委领导下的校长负责制，构建由校党委统一领导、各职能部门分工负责、全员协同参与的育人体系，是全面推进学校立德树人工作的重要保障。

首先，要坚持党对立德树人工作的全面领导，确保立德树人工作的政治方向不动摇。学校党委肩负着统一领导学校思想政治工作的责任，是落实立德树人工作的核心主体。各级党委、各级教育主管部门以及学校党组织要在思想上高度重视立德树人工作，加强顶层设计，强化统一领导，实施计划部署，建立各部门思想政治教育工作协作推行的常态机制，本着从"国之大计、党之大计"的战略高度出发，始终坚持社会主义的办学方向，构建起以立德树人为核心，谋求人的全面发展为导向的人才培养体系。各级党委应当高度重视育人育才工作，始终围

---

① 习近平谈治国理政（第三卷）[M]. 北京：外文出版社, 2020:331.

绕立德树人这一根本任务进行专业、学科以及课程等的总体设置和规划，将立德树人贯穿人才培养的全过程，为培养德智体美劳全面发展的社会主义事业建设者和接班人服务。

其次，要加强学校各部门之间的通力合作，营造立德树人的优良环境。从现实的校内联动机制来看，校内不同职能部门往往局限于各部门内部的目标和任务安排，或者是必要的工作上的沟通。除此以外，职能部门之间的沟通相对较少，部门之间的联动机制不够完善，难以形成相互渗透、相互贯通的育人共同体，影响协同育人的成效。为此，学校各部门之间应当树立教育共同体意识，严格落实好工作责任制，加强沟通和配合，避免出现各自为政、上下脱节的情况，切实推进协同育人的体制机制落实。具体来看，立德树人不仅是学校教学部门所要实现的任务要求，也是学校各级行政组织、群团组织以及后勤服务部门的共同责任，应当加强各部门之间的通力合作，共同营造校内协同育人的良好氛围。

最后，立德树人要融入学校工作的各环节各领域。立德树人作为一项系统性的工程，需要学校各环节、各要素的相互配合，才能形成一个相互贯通、相互促进的整体。要"把立德树人融入思想道德教育、文化知识教育、社会实践教育各环节，贯穿基础教育、职业教育、高等教育各领域。学科体系、教学体系、教材体系、管理体系要围绕这个目标来设计，教师要围绕这个目标来教，学生要围绕这个目标来学"①。无论是横向的教育环节、纵向的教育领域，还是教育教学体系，都要坚持把立德树人作为学校教育的中心环节，融入教育教学的全过程，实现全员育人、全过程育人、全方位育人，从而凝聚起学校整体育人的强大合力。总体而言，党对学校工作的全面领导和学校的人才培养举措是紧密相连的，要将立德树人作为衡量一切工作成效的根本标准，充分调动一切育人元素，将学校育人工作做到极致，真正落实好立德树人的根本任务。

（二）课程协同：深化思政课程与课程思政的有机融合

"要用好课堂教学这个主渠道，思想政治理论课要坚持在改进中加强，提升思想政治教育亲和力和针对性，满足学生成长发展需求和期待，其他各门课都要守好一段渠、种好责任田，使各类课程与思想政治理论课同向同行，形成协同效应。"②要紧紧围绕立德树人的根本任务，探索深化思政课程与课程思政有机融合的途径，实现思政课程与课程思政的有机结合，并将其作为新时代学校开展思想政治教育工作的有力抓手，进而培

① 习近平. 论党的青年工作 [M]. 北京：中央文献出版社,2022:178.
② 把思想政治工作贯穿教育教学全过程 开创我国高等教育事业发展新局面 [N]. 人民日报,2016-12-09(01).

养能够担当民族复兴大任的时代新人。

一方面要明确思政课程与课程思政育人目标的一致性。从育人的根本目的上来说，任何课程都必须始终坚持社会主义办学方向，贯彻党的教育方针，旨在培养合格的社会主义建设者和接班人。因此，不同课程在人才培养目标方向上具有根本一致性，这就决定了思政课程与其他课程有机融合的必要性，并担负着共同的育人责任，即立德树人的根本任务。"立什么德，树什么人"需要各类课程共同发挥作用，缺一不可，"思想政治理论课是落实立德树人根本任务的关键课程"①，但思想政治课同样离不开与其他各类课程的相互配合。落实立德树人的根本任务，要充分发挥思政课的主渠道作用，不断增强思政课的理论性、亲和力、针对性，使思政课的育人实效真正发挥到极致，不断满足学生成长成才的需要。同时，要发挥好各门课程的育人功能，深挖其他课程中蕴含的思想政治教育资源，将价值观引导寓于知识传授和能力培养之中。进一步讲，实现思政课程和课程思政的有机融合，要依据专业特点，注重解决好知识结构、思维模式以及价值取向等方面的问题，促进各类课程和思政课程的相互配合，形成协同效应，构架"大思政"格局，共同服务于立德树人这一根本任务。

---

① 习近平谈治国理政 (第三卷)[M]. 北京 : 外文出版社 ,2020:329.

　　另一方面要优化思政课程与课程思政协同育人的内容体系。实现两者内容上的有机融合并不意味着要改变专业课程的学科属性，而是要充分发挥课程的德育功能。无论是思政课程，还是课程思政，都重在坚持知识传授与价值引领相结合，始终本着马克思主义的立场、观点、方法，将思政教育有机融入课程教学中去，用思想理论来铸魂育人。要着重凸显马克思主义中国化时代化的最新理论成果，即习近平新时代中国特色社会主义思想，以此为指导思想，教育引导学生掌握科学的理论知识，坚定共产主义理想信念，坚定"四个自信"，进而树立起科学的世界观、人生观和价值观。此外，要依据不同课程的属性和要求，合理有效地安排思政教育内容，紧密结合时代需求和社会热点，不断更新知识体系，优化教学内容。例如，思政课的教育目标十分明确，作为价值引领的主阵地，要不断推进思政课改革创新，引导受教育者将对理论知识的认同自觉转化为对理想信念的不懈追求，进而形成优良的道德品质。自然科学类课程也应当本着辩证唯物主义和历史唯物主义的立场、观点、方法，不断增强受教育者的科学精神和创新精神，为科技创新发展指引正确的方向。总之，两者要在立德树人的目标下，尊重各自异同，将价值引领和知识传授有机统一起来，促进教育内容与时俱进、相互借鉴，以形成有效的协同育人机制。

（三）教师协同：凝聚教师队伍协同育人的强大合力

"十年树木，百年树人"，教师是落实立德树人根本任务的主力军，承担着提高学生知识技能、道德水准以及综合素质的重任。立德树人根本任务的顺利落实离不开一支政治素质过硬、业务能力精湛以及育人水平高超的高素质教师队伍，而最为关键的是推进教师之间的协作。无论是专门的思政课教师，还是专业课程教师以及辅导员，其育人目的都高度一致。因此，思政课教师、专业课程教师和辅导员在人才培养上尽管各有侧重，但应当分工互补，协同合作提升思想政治教育的针对性和实效性，确保协同育人理念贯穿立德树人的整个过程。

一是要凝聚协同育人的共识，树立协同育人理念。从专业属性上讲，思政课教师侧重于阐述思政理论知识、对学生进行思想熏陶和素质培养，重在德育；专业课程教师侧重于传授学生专业知识和提升学生的专业技能，教会学生学以致用、理论联系实际的具体方法等，重在智育；辅导员侧重于日常的教学管理，从事学生的思想政治教育、心理健康以及党团建设等方面的工作。尽管不同教师在具体的教学内容、从事的具体任务上有所不同，但是在育人目标上是根本一致的，旨在培养德智体美劳全面发展的社会主义建设者和接班人。然而在实际育人的过程中，部分教师还是习惯从专业岗位角色出发，对"课程思政"、人才培养深度融合的认识不足，对立德树人的重要性认知有待提升，从而导致在协同育人方面有所缺乏。为此，思政课教师、专业课程教师以及辅导员均应树立协同育人的理念，凝聚协同育人的共识，在各科教学和日常管理中教育引导学生深刻领悟"两个确立"的决定性意义，增强"四个意识"、坚定"四个自信"、做到"两个维护"，努力成为社会所需要的人才。

二是要善于利用自身优势，促进各方优势互补。各科教师受到所属学科属性的影响，在德智体美劳等方面各有突出优势，但这并不妨碍教师之间的交流互鉴。各科教师应该不断发挥好自身长处，在相互促进中打好育人工作的"组合拳"。例如思政课教师要利用好专业优势，在思政教育中润物细无声地渗透德育内容，促进学生将所学知识内化于心，外化于行。思政课本身就是服务于思想政治教育，塑造学生品格的一门学科。思政课教师更应该将思政课内容与时代需求和学生特点相结合，不断探索新颖的、适合学生特点的教学方式，充分发挥思政课育人的主渠道作用，让思政课真正达到启智润心的教育效果，促进学生的成长发展。专业课程教师的优势在于对学生进行专业理论知识传授和实践能力培养，能够依托第一课堂积极开展教育教学实践。专业课程教师与学生的接触更多，更能及时捕捉学生存在的思想困惑，了解学生的学习动态。专业课程教师应当通过因材施教的方式，在帮助学生解决教学重难点的同时，培养学生的专业精神。辅导员是距离学生日常生活最近的教师，相较于其他教师而言，更能够将立德树人工作落实到细微之处。在日常管理过程中，辅导员要自觉肩负起关心学生身心健康，促进学生品德完善的责任。在日常生活中也要勤于与学生展开交流谈话，努力成为学生成长发展过程中的人生导师和知心朋友。

三是要促进教师交流合作，加强教师队伍建设。相较于专业课程教师，思政课教师和辅导员有着丰富的教学课件、案例以及资源库，加强教师之间的沟通交流，能够促进优质思想政治教育资源共建共享，实现优质教育资源的有效整合，共同助力立德树人工作有效落实，切实提高教育教学工作的实效性。除了共享资源以外，更为重要的是构建起各类教师在教学实践中的伙伴式关系，例如通过举办教师教学研讨会、打造课程思政示范项目、教师互评等，探索"有虚有实、有棱有角、有情有义、有滋有味"的教学模式，切实提高思想政治工作的实践能力。对于立德树人而言，加强教师队伍建设仍然不能懈怠，只有不断提升教师自身的政治素质、业务能力和育人水平，才能助力思想政治教育工作的顺利开展。例如可以借助于考核激励、制度制定、宣传引导等方式，增强教师队伍参与立德树人的责任感，充分发挥不同岗位的教职工在学生思想引领、道德养成等方面的优势，形成育人合力。

（四）全方位协同：完善"家校社"一体化联动机制

完善"家校社"协同育人机制，充分发挥学校教育、家庭教育、社会教育的积极作用，健全家庭、学校、社会三位一体的教育联动机制，是推动立德树人工作的关键。家庭、学校、社会作为三个不同的教育主体，均以立德树人为共同的目标指向，协同开展育人活动，既相互独立，又互为联系，理应在育人过程中相互促进，实现深度合作，从而形成方向相同、力量凝聚、协同影响的教育合力。

一是明确"家校社"各自的育人责任。明确"家校社"在协同育人中的责任，是促进学校、家庭和社会深入开展立德树人工作的价值判断和衡量标准。首先，学校是"为党育人、为国育才"的重要阵地，承担着教育教学的绝大部分任务，在协同育人中发挥着主导作用。学校既肩负着巩固意识形态、传授各科知识的责任，也肩负着提升学生综合素质，帮助学生明确自身权利和义务，实现人生价值的重任。其次，家庭教育作为教育的起点，具有一定的扎根性、奠基性，在协同育人中发挥着重要作用。家庭是孩子的第一个课堂，家长是孩子的第一任老师，能否扣好人生的第一粒扣子尤为重要。家庭教育要尤其注重家风建设，弘扬优良家风，涵养清风正气，引导受教育者自觉弘扬中华传统美德，从小养成尊老爱幼、诚实守信、乐于助人等良好品质。最后，社会教育是学校教育和家庭教育的延伸和发展，在协同育人中发挥着广泛作用。良好的社会环境对学生价值观的养成具有重要影响，积极传递社会正能量，树立社会文明新风尚是全社会的共同责任。

二是促进"家校社"三方的有效沟通。在家庭和学校之间，家长与教师之间要保持密切联系，相互尊重与信任，实现真正的家校合作，共同致力于学生的成长发展。一方面，学校要与家长及时沟通交流，让家长了解学校的教育教学目标，掌握学生的学习状况和思想动态；另一方面，家长要让老师了解学生在家的表现和成长动态，例如通过开展家校联络会和寒暑假家访等形式的活动，增进家校之间的交流互动。在学校和社会之间，要协同做好教育、实践以及创业等环节的有效衔接，拓宽校内外互动渠道，让学生走出校园，积极参与社会实践大课堂，锻炼受教育者的综合实践能力和社会参与能力，建设多元开放、充满活力的教育平台。在社会和家庭之间，随着信息技术的快速发展，社会可以借助论坛讲座、媒体宣传、书博会等，普及教育的理念、知识和方法，加大宣传力度，使科学的教育观念深入人心。近年来，基础设施建设不断完善，社会教育环境得到不断优化，为育人搭建了良好的实践基地，为学生营造了自由开放的学习空间，家长可以定期带领子女参观图书馆、博物馆等社会教育机构，培养子女的兴趣、拓宽子女的视野。

三是健全"家校社"的育人评估反馈机制。一方面要建立科学完善的评价指标体系，例如针对学校的人才培养方案、课程体系建设以及育人质量等情况进行评价；针对家长的育人参与度、积极性，以及家校配合情况等进行评估；针对社会资源、信息技术应用于教育领域的程度等情况进行评估。另一方面要根据评价的反馈结果及时进行优化改进，分阶段定期将评价结果反馈给育人主体，针对流于形式或较为薄弱的环节，加大优化、扶持的力度。根据存在的问题，及时调整育人方案，不断优化机制，补齐短板，才能真正提升"家校社"协同育人的实效性。总之，学校教育、家庭教育、社会教育在教育内容、方法、效果上各有特点，又互为补充，实现"家校社"共育，进而构建更加和谐的协同育人场域，能够切实增强思想政治教育的实效性。